BE MY GUEST
KREATIVE LIFESTYLE-REZEPTE FÜR JEDEN ANLASS

Bibliografische Information der Deutschen Nationalbibliothek
Die Deutsche Nationalbibliothek verzeichnet diese Publikation
in der Deutschen Nationalbibliografie; detaillierte bibliografische
Daten sind im Internet über http://dnb.d-nb.de abrufbar.

1. Auflage
Fotograf: Oriol Aleu
Coverfoto: Harald Eisenberger
Foodstylist: Amanda Laporte
Grafische Gestaltung und Satz: Essence.at
Lektorat: Olivia Volpini de Maestri
Dekoration: Doll's Blumen
Reprografie: Grasl Druck & Neue Medien, Bad Vöslau
Gedruckt in der EU

Copyright © 2006 by
Christian Brandstätter Verlag, Wien

Alle Rechte, auch die des auszugsweisen Abdrucks oder der
Reproduktion einer Abbildung, sind vorbehalten.
Das Werk einschließlich aller seiner Teile ist urheberrechtlich
geschützt. Jede Verwertung ohne Zustimmung des Verlages
ist unzulässig.
Dies gilt insbesondere für Vervielfältigungen, Übersetzungen,
Mikroverfilmungen und die Einspeicherung und Verarbeitung
in elektronischen Systemen.

ISBN 10: 3-902510-26-9
ISBN 13: 978-3-902510-26-6

Christian Brandstätter Verlag GmbH & Co KG
A-1080 Wien, Wickenburggasse 26
Telefon (+43-1) 512 15 43-0
Telefax (+43-1) 512 15 43-231
E-Mail: info@cbv.at
www.cbv.at

ANNABELLE KNAUR-TRAUTTMANSDORFF   SOPHIE SENGER-WEISS

BE MY GUEST

KREATIVE LIFESTYLE–REZEPTE FÜR JEDEN ANLASS

CHRISTIAN BRANDSTÄTTER VERLAG

Inhalt

EIN TRAUM WIRD WAHR 07
Die Geschichte unseres Buches

TIPPS, TRICKS UND MEHR 08
Eine kurze „Gebrauchsanweisung"

SOME LIKE IT HOT COCKTAIL PARTY 10
Hors d'œuvres einmal anders

BRUNCH 30
Auch ein Frühstücksei will kreativ sein

ASIAN LUNCH PARTY 50
Geladen sind Stäbchen & Co.

SUMMER BBQ 70
Sommernachtstraum am brutzelnden Grill

APPETIZERS 90
Der erste Eindruck zählt

CLASSIC DINNER MENU 110
Tischlein deck Dich für spezielle Anlässe

DINNER FOR TWO 130
Zum Verwöhnen und Vernaschen

ONLY SWEETS 150
Im Schlaraffenland für Süße

UNSERE RESTAURANTTIPPS 170
Ganz persönliche Highlights aus aller Welt

REGISTER 174
Alles noch einmal, aber ganz geordnet

EIN TRAUM WIRD WAHR

Die Geschichte unseres Buches

Wir wollten etwas zusammen machen, das war uns klar. Schon während unserer gemeinsamen Zeit in New York haben wir von „unserem" Projekt geträumt. Was es genau werden sollte, war noch nicht entschieden, aber wir brüteten an unzähligen Abenden und Nächten über spannenden Ideen.

Der Traum blieb, unsere unterschiedlichen Stärken für eine gemeinsame Sache zu vereinen – auch dann noch, als sich unser Leben auf verschiedenen Kontinenten abspielte.

Es war zurück in Wien, als Annabelles Kochkurs ein voller Erfolg und die Idee geboren wurde, ein Buch daraus zu machen. Denn die Leidenschaft zur kulinarischen Welt, zu gelungenen Einladungen und schönen Kochbüchern teilen wir gleichermaßen.

Wir wurden ein tolles Team: eine fantastische Köchin mit ihren herrlichen Rezepten und aufregenden Menüs trifft auf eine unkonventionelle Organisatorin mit geradezu überschäumender Kreativität.

Durch dieses Kochbuch möchten wir Menschen mit unserer Begeisterung am Kochen anstecken und die Lust wecken, wieder einmal Freunde zu sich nach Hause einzuladen.

Viel Spaß beim Lesen, Kochen und Gäste einladen!

Annabelle & Sophie

TIPPS TRICKS und MEHR

Eine kurze „Gebrauchsanweisung"

» Bitte lesen Sie das Rezept zuerst ganz durch, nun bereiten Sie alle Zutaten vor (Mis en place) und fangen dann erst an zu kochen

» Verwenden Sie nach Möglichkeit stets frische Kräuter

» Man kann sich aus jedem Kapitel beliebige Rezepte heraussuchen oder aus den verschiedenen Kapiteln Rezepte kombinieren

» Alle Gerichte können auch in Form eines Buffets serviert werden

» Die Tipps geben Hinweise, was bereits am Vortag vorbereitet werden kann und helfen Stress bei der Einladung zu vermeiden

» Die Zeitangaben beziehen sich auf die tatsächliche „Arbeitszeit" – zusätzliche Zeiten für das Marinieren oder Backen finden Sie in den Rezepten

» Eine Checkliste hilft bei jeder Einladung. Was ist zu bedenken? Menü, Anzahl der Gäste, Dekoration, Musik, Getränke, Einkaufsliste

» Auch Time-Management hilft: Einkaufen? Mis en Place? Was ist am Vortag vorzubereiten? Last Minute zu kochen? Wann kann man den Tisch decken?

» Die alte Weisheit hilft: Was Du heute kannst besorgen, das verschiebe nicht auf morgen ...

und Mehr …

Um auch nie hungrige Gäste nach Hause schicken zu müssen – hier ein paar Mengenangaben pro Person:

- » Suppe: 250 ml
- » Fleisch: mit Sauce 150 g, ohne 200 g
- » Fisch: 170 g Filet, 340 g ganzer Fisch
- » Faschiertes (z. B. Spaghetti Bolognese oder Lasagne): 110 g
- » Gemüse: 85 g
- » Kartoffeln: 3 Stück oder 100 g für Kartoffelpüree oder -salat
- » Spinat: 340 g
- » Reis: 55 g
- » Salat: eine Hand voll
- » Allgemein: Männer tendieren dazu, mehr Kohlehydrate zu essen, Frauen essen mehr Gemüse.

Hors d'œuvres pro Person:

- » 10 Canapés für eine Cocktailparty am Abend
- » 14 Canapés zur Mittagszeit
- » 4–5 Canapés vor einem Essen
- » 3–4 süße Petit Fours

Nicht vergessen: Genießen Sie doch schon beim Kochen einen Schluck Wein!

SOME LIKE IT HOT COCKTAIL PARTY

Hors d'œuvres einmal anders

Lachen, Stimmengewirr, Gläserklappern – willkommen auf der Cocktailparty! Schon beim Eingang wird man in ein Gespräch verwickelt, in der Küche hört man immer den neuesten Tratsch, und man kann ganz ungeniert von einem Gast zum anderen wandern, ohne bei einem Sitznachbarn kleben zu bleiben. Auch für uns Gastgeber sind Cocktailparties die perfekte Lösung: Freundeskreise werden ganz zwanglos durchgemischt, kein Platzdilemma um den Tisch, und was noch viel wichtiger ist, wir können hemmungslos mitfeiern, da alles bereits vorbereitet ist! Musik nicht vergessen und für ausreichend gekühlte Getränke sorgen (im Notfall tut's auch ein gut bestückter Würstelstand um die Ecke), dann kann gar nichts mehr schief gehen. Lasst uns feiern …

Dekotipp
Das kräftige Rot der Anemone springt ins Auge! In der schlichten, geradlinigen Form der Vase kommen die Blumen elegant zur Geltung.

SOME LIKE IT HOT COCKTAIL PARTY

Hors d'œuvres einmal anders

MENÜ

Drink

Cosmopolitan

Thai Guacamole mit Tortillachips

Kalt

Variationen von Blätterteig-Stangen

Thunfischtataki

Parmesanblätter mit geräuchertem Lachs

Warm

Lammspieße mit Gurken-Mint-Raika

Tortellini-Häppchen mit Zitronen-Dip

Sesamhuhn mit Plumsauce

Petit Fours

Brandteigkrapferl

COSMOPOLITAN (Für 1 Drink)

1 cl Cointreau

4 cl Wodka (evtl. mit Zitronengeschmack)

2 cl Cranberrysaft

1 cl Zitronensaft

4 Eiswürfel

1 Limetten- oder Zitronenschale zum Garnieren

Eiswürfel in den Cocktailshaker geben. Nun Cointreau, Wodka, Cranberry- und Zitronensaft darüber gießen. Fest schütteln und durch ein Sieb in ein Cocktailglas gießen. Eine dünne Limetten- oder Zitronenschale dekorativ an den Rand hängen.

THAI GUACAMOLE MIT TORTILLACHIPS (Für etwa 500 ml)

4 Avocados (sehr reif)

1 rote Paprikaschote, in kleine Würfel geschnitten

2 Jungzwiebeln, fein gehackt

1 EL frische Minze, fein gehackt

1 EL frischer Ingwer, geschält und fein gerieben

1 Stange Zitronengras, fein gerieben (ca. 1 TL)

3 EL frischer Limettensaft

1 EL Sojasauce

eventuell 1 EL asiatische Fischsauce

½ TL rote Chili-Paste (oder ein paar Tropfen Tabasco)

2 Packungen Tortillachips

Wickeln Sie die Avocados in Zeitungspapier, wenn sie zu hart sind – in nur 1–2 Tagen an einem warmen Ort reifen sie nach. Die Avocados halbieren, die Kerne entfernen und das Fruchtfleisch mit einer Gabel zerdrücken. Nun alle Zutaten in einer Schüssel gut vermischen, und zum Schluss mit Salz abschmecken. Mit Tortillachips servieren.

Zeit: 20 Minuten

Tipp: Die Guacamole kann man bereits am Morgen der Cocktailparty zubereiten, der Limettensaft hält die Farbe.

VARIATIONEN VON BLÄTTERTEIG-STANGEN (Für ca. 40 Stück)

1 Packung Blätterteig (etwa 330 g)

1 Ei, verquirlt

Variationen

100 g Sesamkörner, weiß oder schwarz

100 g Parmesan oder Gruyère, gerieben

etwas Cayennepfeffer

Salz

Das Backrohr auf 200 °C vorheizen.
Den Teig ausrollen, mit dem Ei bestreichen und noch auf dem Papier in 5 mm breite Streifen schneiden. Mit Sesamkörnern bzw. Käse und Cayennepfeffer bestreuen, 8–10 Minuten backen. Für dekorative Formen dreht man die Teigstreifen ganz einfach nach Belieben.

Zeit: 20 Minuten

Wein: Pinot Grigio, Friaul

Tipp: Dieses Party-Gebäck hält sich gut 1–2 Tage in einer verschließbaren Dose. Verwenden Sie für die Würzung zur Abwechslung Paprikapulver oder getrocknete Kräuter.

THUNFISCHTATAKI (Für ca. 25 Stück)

500 g Thunfischfilet, ganz frisch
schwarze Pfefferkörner, zerstoßen
Pflanzenöl zum Anbraten
2 Limetten oder Zitronen zum Garnieren

Zitronen-Hollandaise
2 Dotter
2 TL Dijonsenf
1 TL Zitronenschale, gerieben
1–2 EL Zitronensaft
125 g Butter, geschmolzen
Salz

Dotter, Senf, Zitronenschale und -saft im Mixer verrühren, die warme Butter bei laufendem Motor langsam dazugießen. Mit Salz abschmecken.

Den Thunfisch in ca. 5 x 2 cm breite Streifen schneiden, im geschroteten Pfeffer wälzen und in etwas heißem Öl auf jeder Seite ca. 30 Sekunden anbraten. 5 Minuten rasten lassen und dann in 5 mm dicke Stücke schneiden, mit dekorativ geschnittenen Limettenstücken und der Zitronen-Hollandaise servieren.

Zeit: 30 Minuten

Wein: Sauvignon Blanc, Neuseeland

Tipp: Da dieses Gericht bei Zimmertemperatur serviert werden sollte, kann man den Thunfisch auch schon ein paar Stunden vorher zubereiten und erst kurz vor dem Servieren aufschneiden.

PARMESANBLÄTTER MIT GERÄUCHERTEM LACHS (Für 25 Stück)

100 g Parmesan, gerieben
9 Scheiben Räucherlachs, hauchdünn in mundgerechte Happen geschnitten
50 g Sauerrahm
etwas frische Dille

Das Backrohr auf 180 °C vorheizen.
Ein Backblech mit Backpapier auslegen. Nun mit einem Teelöffel kleine Parmesanhäufchen darauf setzen und 8 Minuten backen. Achten Sie dabei darauf, dass der Parmesan nicht zu braun wird, sonst schmeckt er verbrannt. Die Lachsstücke auf die ausgekühlten Parmesanblätter setzen, jeweils etwas Sauerrahm darauf und mit Dille dekorieren. Wenn man es gerne etwas würziger hat, kann man zum Schluss noch Pfeffer aus der Mühle darüber reiben. Gleich servieren!

Zeit: 20 Minuten

Wein: Chablis, Burgund

Tipp: Die Parmesanblätter können Sie schon am Tag vor der Party backen. Doch darf man sie nicht in ein luftdichtes Behältnis geben, da sie sonst weich werden. Sollte das passieren, nochmals kurz im Rohr aufbacken. Ebenso lässt sich auch der Räucherlachs schon am Vortag in kleine Stücke schneiden.

LAMMSPIESSE MIT GURKEN-MINT-RAIKA (25 Stück)

1 kg Lammschlögel, in mundgerechte Stücke geschnitten
Salz
25 Holzspieße

Marinade

1 Knoblauchzehe, zerstoßen
1½ EL Olivenöl
1 TL Tomatenmark
¼ TL Paprikapulver, edelsüß
1 Prise Cayennepfeffer
1 Prise Zimt, gemahlen
1 Prise Cumin, gemahlen (Kreuzkümmel)
½ EL frischer Thymian

Gurken-Mint-Raika

200 g Joghurt
100 g Gurke, in feine Streifen geschnitten
3 EL frische Minze, fein gehackt
etwas Cumin (Kreuzkümmel)
etwas Zitronensaft
Salz

Zutaten für die Marinade verrühren und die Lammstücke darin mindestens 2 Stunden marinieren.
Das Rohr auf Grillstufe vorheizen. Ein Backblech mit Backpapier vorbereiten.
Für die Gurken-Mint-Raika alle Zutaten vermengen und ca. 30 Minuten rasten lassen. Jeweils zwei Lammstücke auf einen Holzspieß stecken, etwas salzen und 8 Minuten grillen. (Bestens geeignet sind die Lammspieße auch für die Gartenparty mit Holzkohlengrill. Hierfür sollten die Holzspieße eine Stunde im Wasser liegen, damit sie nicht anbrennen.)
Die fertigen Lammspieße noch warm mit Gurken-Mint-Raika servieren.

Zeit: 10 Minuten

Wein: Raika Barbera, Piemont

Tipp: Noch aromatischer wird das Fleisch, wenn es 24 Stunden länger in der Marinade liegt. Natürlich im Kühlschrank. So spart man sich am Tag der Party noch Zeit. Die Gurken-Mint-Raika hingegen sollte frisch zubereitet werden, da die Minze sonst unansehnlich und bitter wird und die Gurke Wasser lässt.

TORTELLINI-HÄPPCHEN MIT ZITRONEN-DIP (50 Stück)

500 g fertige Tortellini aus dem Kühlregal, gefüllt mit Käse oder Spinat

Salz

Olivenöl zum Beträufeln

Zitronen-Dip

1 Becher Crème Fraîche (125 g)

60 g Parmesan, gerieben

1 Zitrone, Saft und geriebene Schale

3 Knoblauchzehen, geröstet

Für den gerösteten Knoblauch die ungeschälten Knoblauchzehen im vorgeheizten Backrohr bei 190 °C mit etwas Olivenöl ½ Stunde rösten. Schälen bzw. nur das weiche Fruchtfleisch weiterverarbeiten.
Alle Zutaten für den Dip mit dem gerösteten Knoblauch gut vermengen. Tortellini in reichlich Salzwasser nach Anleitung al dente kochen. Anschließend mit Olivenöl beträufeln und jeweils eine Nudel mit etwas Dip in einem Cocktail-Löffel servieren. Ersatzweise kann man die Tortellini auch auf Holzspießchen stecken.

Zeit: 30 Minuten

Wein: Muskateller, Steiermark

Tipp: Die Sauce zum Eintunken kann man einen Tag vorher zubereiten – kühl gestellt hält sie sich gut. Etwa eine Stunde vor dem Servieren herausnehmen. Auch die Tortellini kann man einige Stunden zuvor kochen. Vor dem Anrichten übergießt man sie nur noch mit heißem Wasser oder wärmt sie in der Mikrowelle.

SESAMHUHN MIT PLUMSAUCE (Für ca. 25 Stück)

400 g Hühnerbrüste, in mundgerechte Stücke geschnitten

2 EL Sesamkörner

asiatische Plumsauce (im Asia-Shop erhältlich)

25 kurze Holzspieße

Marinade

½ TL Salz

2 EL Sojasauce

2 EL Ahornsirup

2 EL Sherry

1 TL frischer Ingwer, geschält und gerieben

2 EL Pflanzenöl

Die Zutaten für die Marinade vermischen und die Hühnerstücke darin 2 Stunden ziehen lassen.
Backrohr auf 200 °C vorheizen.
Jeweils ein Stück Hühnerfleisch auf einen Holzspieß stecken. Die Sesamkörner darüber streuen und im Backrohr 15 Minuten braten. Von Zeit zu Zeit wenden. Mit der Plumsauce servieren.

Zeit: 30 Minuten

Wein: Chardonnay, Kalifornien

Tipp: Legen Sie das Hühnerfleisch schon am Vortag in die Marinade, so wird das Fleisch würziger und Sie sparen sich am Tag der Party etwas Zeit. Erst im letzten Moment wird das Fleisch auf die Holzspieße gesteckt und im vorgeheizten Backrohr gebraten.

BRANDTEIGKRAPFERL (30 Stück)

Teig
85 g Butter
220 ml Wasser
105 g Mehl, gesiebt
1 Prise Salz
3 Eier

250 ml Schlagobers
110 g Kochschokolade
40 g Butter
Zucker nach Belieben
eventuell etwas Vanillezucker

Für den Teig die Butter in kleine Stücke schneiden, in einem Topf mit 220 ml Wasser über kleiner Flamme erhitzen. Sobald die Butter ganz zerflossen ist, einmal kurz aufkochen lassen. Den Topf vom Herd nehmen und das gesiebte Mehl mit einem Kochlöffel fest einrühren, bis sich der Teig vom Geschirr löst. Die Masse auf einem Teller auskühlen lassen.
Backrohr auf 200 °C vorheizen.
Eier mit einer Prise Salz verquirlen und langsam in den ausgekühlten Teig einrühren – zu einer weichen, aber nicht flüssigen Masse verarbeiten. (Wenn die Eier sehr groß sind, verwenden Sie etwas weniger.) Ein Backblech mit Backpapier auslegen. Mit einem Teelöffel kleine Brandteig-Haufen auf das Backpapier setzen und ca. 20 Minuten goldgelb backen, ganz auskühlen lassen.
Schlagobers schlagen, nach Geschmack etwas Zucker hinzufügen. Eventuell mit Vanillezucker verfeinern.
Schokolade mit der Butter in einem Kochtopf erweichen, bis die Sauce schön cremig ist. Achten Sie darauf, dass die Schokolade nicht zu heiß wird, da sie sonst bitter schmeckt. Die Brandteigkrapferl mit Schlagobers füllen und mit Schokoladesauce überziehen. Sofort servieren!

Zeit: 1 Stunde

Wein: Ruster Ausbruch, Burgenland

Tipp: Um Zeit am Tag der Cocktailparty zu sparen, kann man die Brandteigkrapferl einfrieren und kurz vor dem Servieren bei großer Hitze im Backrohr für wenige Minuten aufbacken. Am besten schmecken sie jedoch frisch zubereitet. Zur Abwechslung kann man auch Vanilleeis statt dem Schlagobers verwenden.

BRUNCH

Auch ein Frühstücksei will kreativ sein

Die kulinarische Tour beginnt bei unserem vielfältigen europäischen Frühstück, das wir auch allerorts gerne zelebrieren. Und wer schon einmal in einem schicken Diner in Amerika gefrühstückt hat, weiß wovon wir noch sprechen! Diese Vielfalt an Eiergerichten, dazu French Toast mit Ahornsirup – ausgezeichnet! Hier bei unserem speziellen Brunch vereinen wir das Beste aus Europa und den USA auf unserem Frühstücksteller! Die Bloody Mary dazu, und es gibt endlich wieder einen Grund, den ganz normalen Tag zum „Fest" zu machen! Egal, ob zu zweit oder zu zehnt, aber bitte erst ab 11 Uhr vormittags, lässt es sich gut feiern und in die Rolle des Gastgebers schlüpfen. Jedes gelungene Wochenende schreit nach einem Brunch.

Dekotipp
Passend zum Brunch ein in Orange-Tönen gehaltener Blumenstrauß. Der Mix aus Blumen mit Kumquats verbreitet einen herrlich frischen Duft für den Morgen.

BRUNCH

Auch ein Frühstücksei will kreativ sein

MENÜ

Drink
Bloody Prawn Mary

Kalt
Hausgemachtes Müsli

Blueberry Muffins

Brioche

Grapefruit und Banane

Warm
Dreierlei pochierte Eier

French Toast mit frischen Erdbeeren

Pizza mit geräuchertem Lachs

BLOODY PRAWN MARY (Für 6 Drinks)

50 ml Wodka

500 ml Tomatensaft, gut geschüttelt

Saft einer halben Zitrone

1 EL Worcestershiresauce

6 Tropfen Tabasco (je nach Wunsch etwas mehr)

1 EL Kren, frisch gerissen oder fertig aus dem Glas

Salz und Pfeffer aus der Mühle

reichlich Eiswürfel

Garnitur

6 Selleriestangen, in adäquate Form geschnitten

6 Garnelen, gekocht und geschält (siehe S. 141)

6 Cocktailtomaten

6 grüne Oliven

6 kurze Holzspießchen

Alle Zutaten für den Drink gut mixen (am besten in einem Cocktailshaker), mit Salz, Pfeffer und Tabasco abschmecken. 6 Wassergläser zur Hälfte mit Eis anfüllen, mit dem Drink aufgießen. Je eine Cocktailtomate, eine Garnele und eine Olive auf ein Holzspießchen stecken. Diese Garnitur nun mit je einer Selleriestange dekorativ über den Rand des Glases legen.

Zeit: 15 Minuten

Tipp: Für die Virgin Mary lässt man einfach den Alkohol weg. Die Bloody Mary können Sie bequem auch einige Stunden vor dem Brunch mixen. Allerdings sollten Sie den Wodka erst kurz vor dem Servieren beimengen, da er sonst ausraucht.

HAUSGEMACHTES MÜSLI (Für 6 Personen)

180 g Haferflocken
50 g Weizenkleie
40 g Walnüsse, grob gehackt
30 g Sesamkörner, weiß
30 g Kokosraspeln
50 g Kürbiskerne
2 EL Pflanzenöl
3 EL Honig
1 TL Zimt, gemahlen
50 g Rosinen

frische Milch und/oder Joghurt
geschnittenes Obst (Pfirsiche, Bananen, Birnen, Mangos etc.)
verschiedenste frische Beeren

Das Backrohr auf 200 °C Umluft oder den Grill vorheizen. In einer Schüssel Haferflocken, Weizenkleie, Walnüsse, Sesamkörner, Kokosraspeln und Kürbiskerne mischen. Ein Blech mit Backpapier vorbereiten, die Körner darauf verteilen und ca. 5–6 Minuten im Backrohr bzw. 3–4 Minuten unter dem Grill bräunen. Das Blech immer wieder etwas schütteln, damit die Körner gleichmäßig Farbe annehmen. Herausnehmen und auskühlen lassen.
In einer Pfanne das Öl mit Honig und Zimt ca. 2 Minuten anwärmen. Die warme Flüssigkeit in zwei Schritten über die gerösteten Körner gießen und fest umrühren. Zum Schluss die Rosinen unterheben.
Das Müsli mit Milch und/oder Joghurt und diversen Früchten servieren.

Zeit: 15 Minuten

Tipp: Das Müsli kann man bis zu 2 Wochen in einer verschließbaren Dose aufbewahren. Die Verwendung von frischen Zutaten ist entscheidend für den Geschmack von hausgemachtem Müsli.

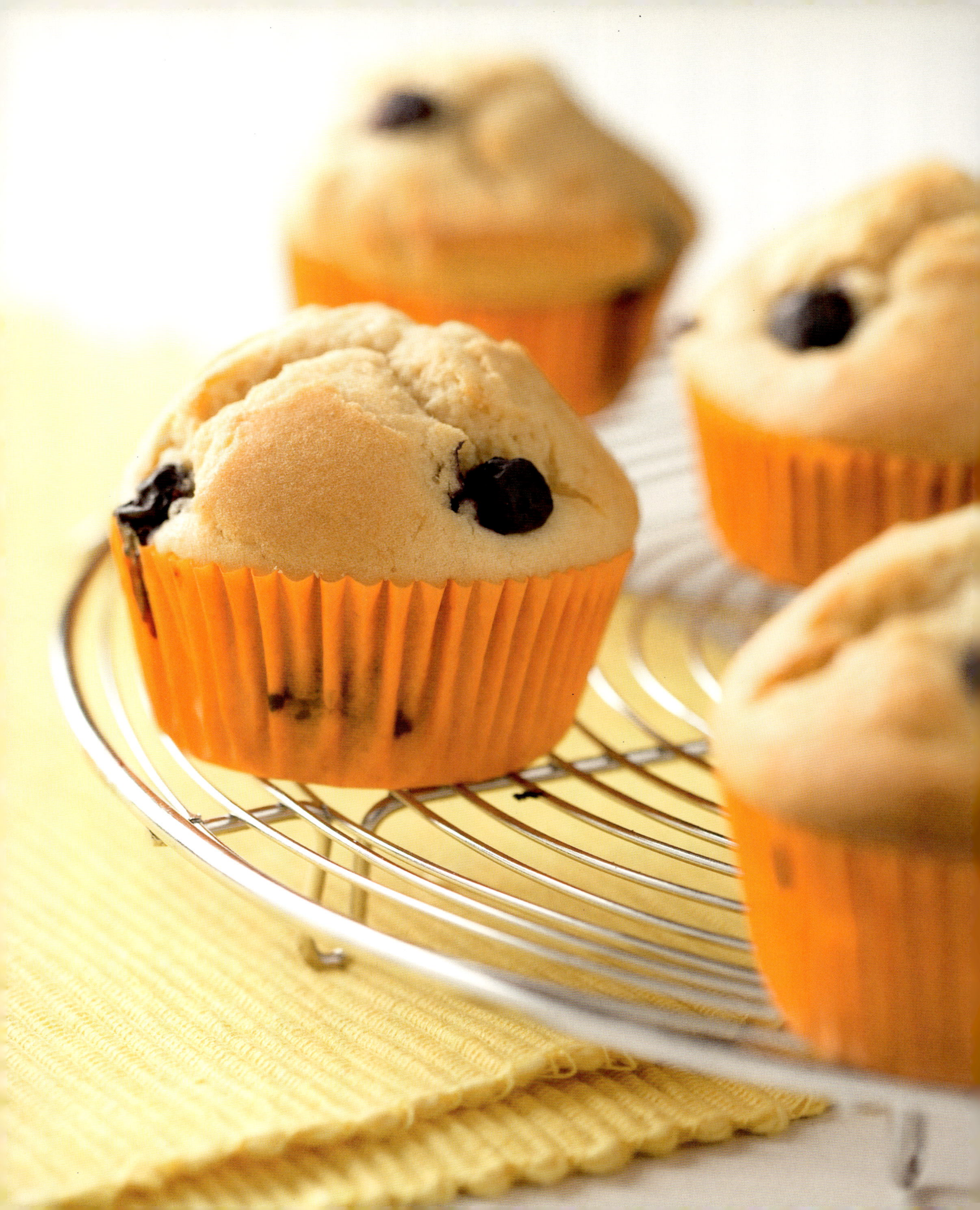

BLUEBERRY MUFFINS (Für 12 Stück)

2 Eier
105 g brauner Zucker
80 ml Pflanzenöl
125 ml Schlagobers
125 ml Milch
1 TL Vanillezucker
360 g Mehl, universal
2 TL Backpulver
1 Messerspitze Muskatnuss
etwas Salz
40 g Butter, geschmolzen
185 g Heidelbeeren

12 Muffin-Formen, ersatzweise kleine Tortenförmchen

Das Backrohr auf 200 °C vorheizen.
Eier, Zucker, Öl, Schlagobers, Milch und Vanillezucker in einer Schüssel gut verrühren. In einer anderen Schüssel Mehl, Backpulver, Muskatnuss und Salz mischen. In die Mitte eine Mulde drücken, die Eiermischung hineingießen und langsam verrühren, auch die geschmolzene Butter vorsichtig unterheben. In diese dickflüssige Masse die Heidelbeeren mischen. Nun die Muffin-Formen zu drei Viertel füllen. Im heißen Backrohr etwa 20–22 Minuten backen. Um zu testen, ob die Muffins fertig sind: Mit einer Stricknadel oder Gabel hineinstechen, falls Teig kleben bleibt, noch ein paar Minuten länger backen.

Zeit: 30 Minuten

Tipp: Falls Sie gefrorene Heidelbeeren verwenden: Die Beeren erst zum Verarbeiten aus dem Gefrierfach nehmen (nicht antauen!), damit der Teig nicht verfärbt. Sie können die Muffins auch fertig backen und für einige Zeit in der Tiefkühltruhe aufbewahren. Kurz vor dem Servieren schiebt man sie für ein paar Minuten ins heiße Backrohr.

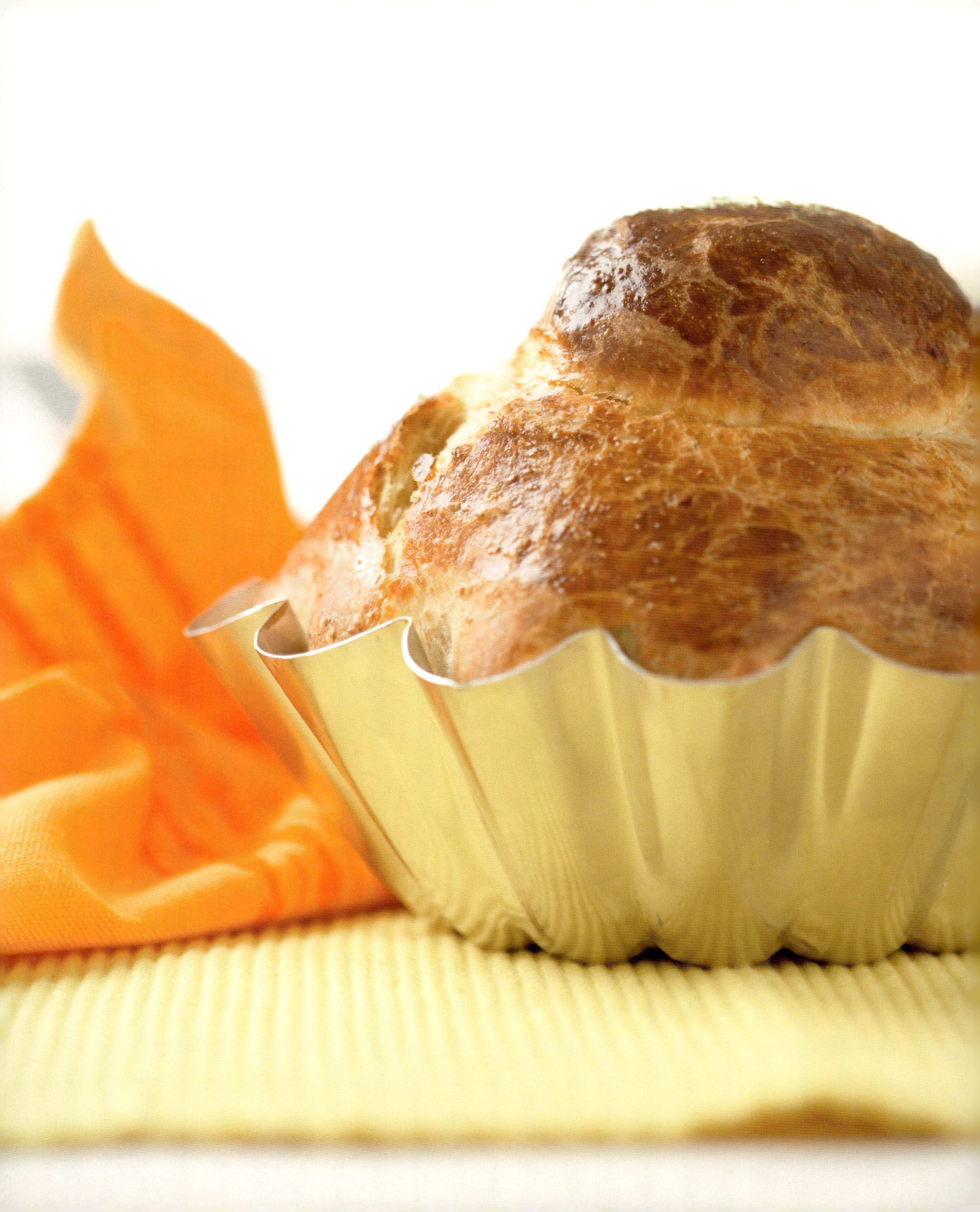

BRIOCHE (Für 6 Personen)

3 TL Zucker

2 EL warmes Wasser

230 g Mehl, universal

etwas Salz

2 Eier, verquirlt

60 g Butter, zerlassen

25 g frische Hefe oder
1 Päckchen Trockenhefe

etwas Butter zum Befetten der Form

Glasur

1 Ei

1 EL Wasser

1 TL Zucker

Entweder eine Brioche-Form (falls vorhanden) oder eine runde ofenfeste Form (Durchmesser ca. 18 cm) mit Butter ausstreichen.
Die Hefe mit dem warmen Wasser verrühren. Nun alle Zutaten für den Teig in einem Mixer mit Knetaufsatz ca. 4 Minuten fest kneten, bis der Teig elastisch ist. Unter einem feuchten Tuch ca. 1 Stunde an einem warmen Ort aufgehen lassen.
Wenn der Teig doppelt so hoch ist, nochmals 2 Minuten kneten. Einen kleinen Teil vom Teig abtrennen und den restlichen Teig in mehrere Kugeln formen und in der Form platzieren. Mit einem Kochlöffel ein Loch in die Mitte des Teiges drücken, danach den abgetrennten Teig zu einer Kugel formen und hineinsetzen. Den Teig nochmals abdecken und weitere 30 Minuten gehen lassen.
Das Backrohr auf 180 °C vorheizen.
Für die Glasur das Ei mit Wasser und Zucker versprudeln. Anschließend den Teig mit der Glasur bestreichen und ca. 20–25 Minuten goldbraun backen. Klopfen Sie mit einem Kochlöffel auf den Boden der Form – wenn es hohl klingt, ist die Brioche fertig.

Zeit: 40 Minuten

Tipp: Für kleine Brioche ist der Vorgang derselbe, nur muss man den Teig nicht so lange gehen lassen. Kleine Brioche bäckt man ca. 10–15 Minuten.
Wenn Sie einen Hefeteig herstellen, den Sie nicht sofort weiterverarbeiten, kann man ihn in Plastik gehüllt etwa einen Tag im Kühlschrank aufbewahren. Zu beachten ist dabei, dass der Teig für die weitere Verarbeitung wieder Zimmertemperatur haben und nochmals gehen sollte.

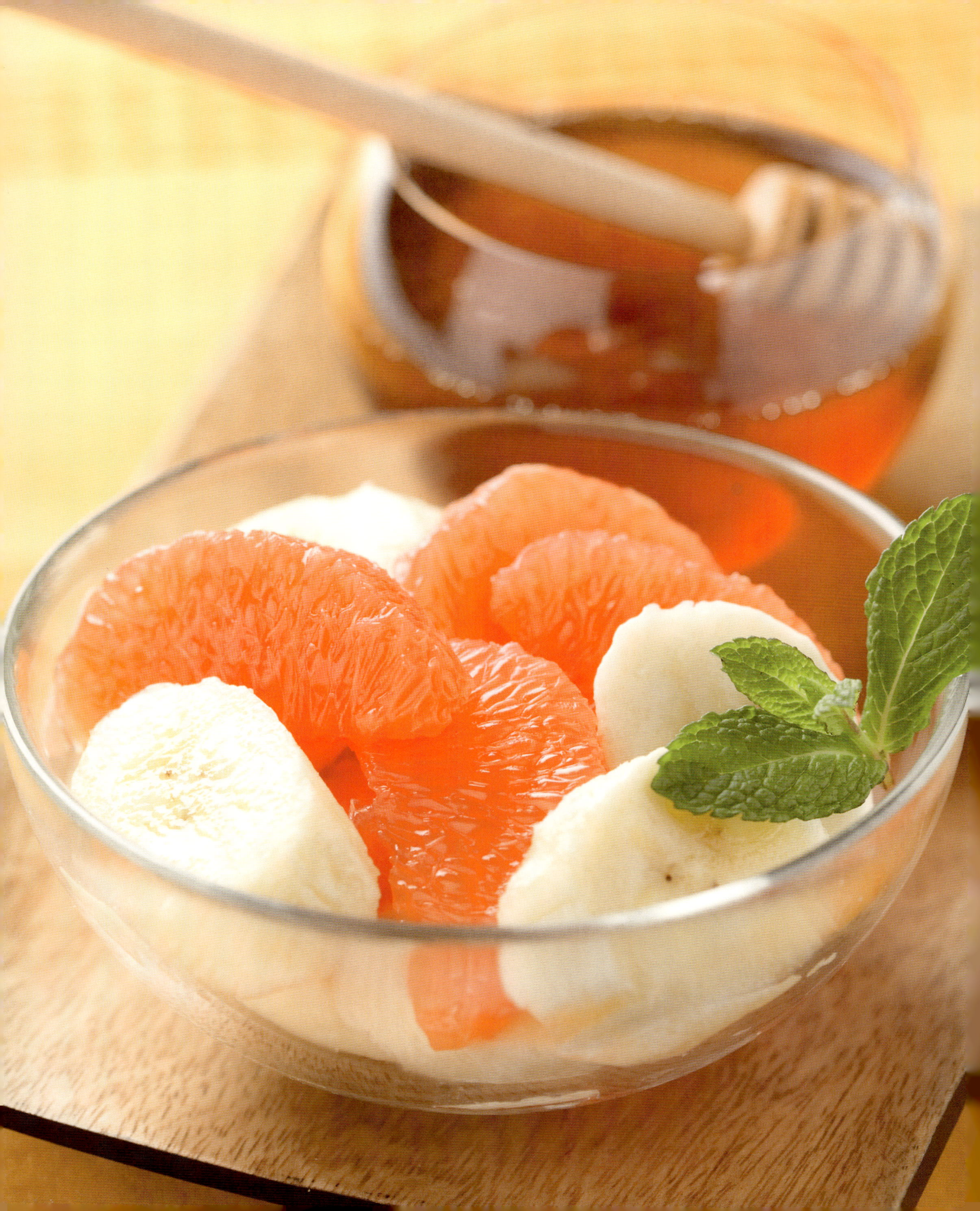

GRAPEFRUIT UND BANANE (Für 6 Personen)

3 Grapefruits
3 Bananen

Die Grapefruits schälen und in Segmente schneiden. Wenn möglich auch die Haut herausschneiden, die sich zwischen dem Fruchtfleisch befindet, da diese bitter schmeckt. Den Fruchtsaft auffangen und aufbewahren. Die Bananen schälen und in dünne Scheiben schneiden. Obst und Saft in einer Schüssel vorsichtig vermischen und gleich servieren.

Zeit: 10 Minuten

Tipp: Dies ist ein sehr erfrischender Salat im Sommer wie im Winter. Die Grapefruits können Sie bereits am Vortag schneiden, die Bananenstücke erst im letzten Moment dazugeben, da sie sehr schnell braun werden. Süßen Sie mit Honig etwas nach, wenn die Grapefruits zu sauer sind.

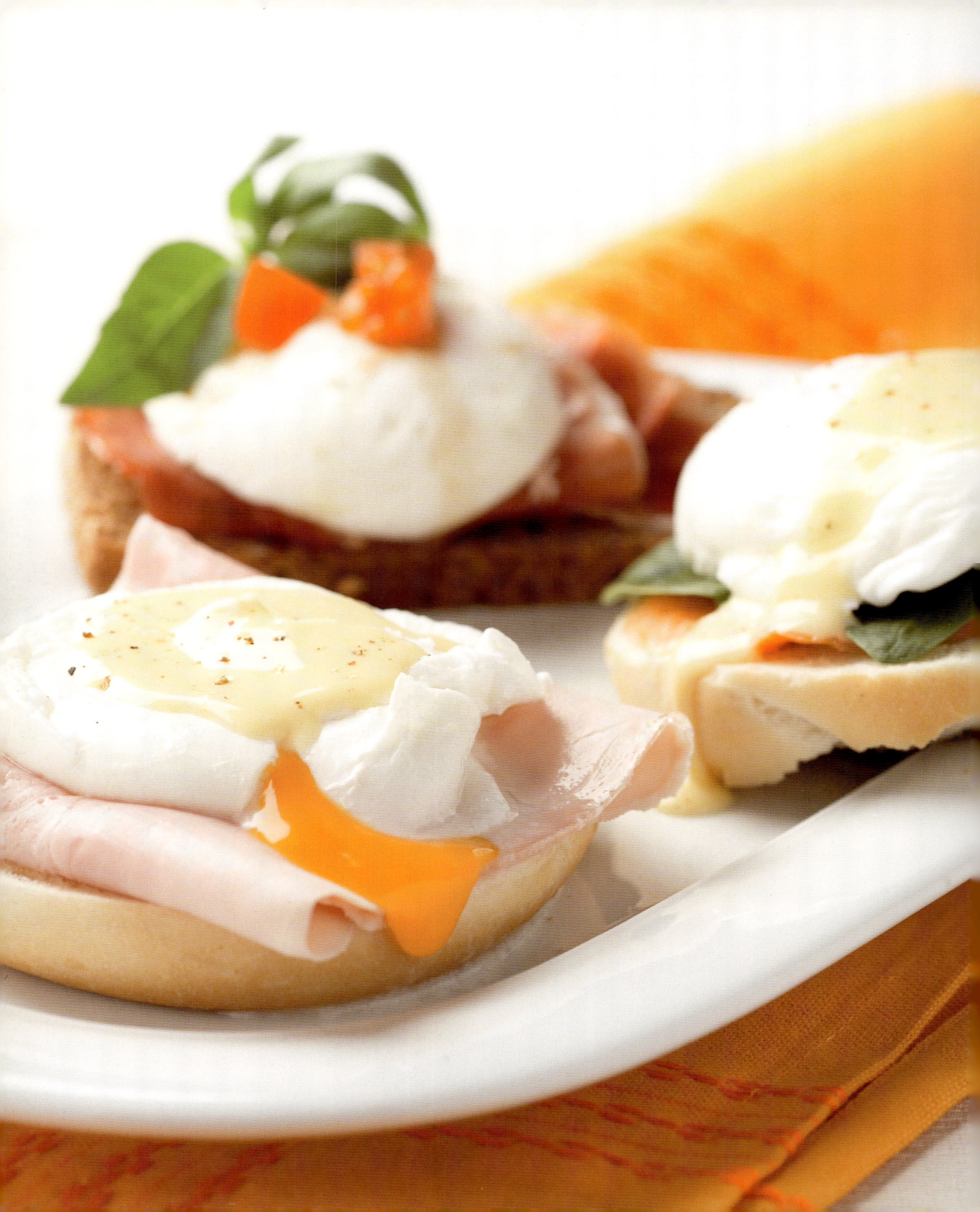

DREIERLEI POCHIERTE EIER (Für 6 Personen)

Pochierte Eier

6 Eier

Salz

Klassische Eggs Benedict

6 pochierte Eier

3 Englische Muffins, halbiert und getoastet, oder 6 Scheiben Toastbrot

6 Scheiben Schinken

Sauce hollandaise

4 Dotter

2 TL Dijonsenf

2 EL Zitronensaft

300 g Butter, geschmolzen

Salz und Pfeffer aus der Mühle

Eine große Pfanne zu drei Viertel mit Wasser füllen, etwas salzen und das Wasser zum Sieden bringen (bis kleine Luftblasen aufsteigen). Das Wasser mit einem Löffel zum Kreisen bringen, ein Ei aufschlagen und vorsichtig in den Wasserstrom gleiten lassen. Mit ein wenig Übung kann man auch mehrere Eier zugleich ins Wasser geben. (Wenn man dies zum ersten Mal macht, ist es sinnvoll, ein „Probeei" zu pochieren.) Die Eier 2–3 Minuten kochen, aus dem Wasser heben, abtropfen und rasch servieren.

Klassische Eggs Benedict

Dotter, Senf, Zitronensaft im Standmixer verrühren, bei laufendem Motor langsam die warme Butter dazugießen. Mit Salz und Pfeffer abschmecken.
Den Schinken auf die getoasteten Brotscheiben verteilen, je ein pochiertes Ei darauf setzen und mit etwas Sauce hollandaise überziehen.

Variation Eggs Florentine

Auf jede Scheibe Toast nacheinander je eine Scheibe Räucherlachs, etwas blanchierten Blattspinat und ein pochiertes Ei geben. Zum Schluss mit Sauce hollandaise überziehen.

Variation Sophie's Eggs

Tomatenstücke mit Basilikum, Essig, etwas Olivenöl, Salz und Pfeffer marinieren. Die getoasteten Brotscheiben mit Knoblauch einreiben, jeweils eine Scheibe Rohschinken darauf legen. Nun die marinierten Tomaten auf die Toasts verteilen und zum Schluss die pochierten Eier darauf setzen.

Zeit: pro Rezept 25 Minuten

Tipp: Pochierte Eier lassen sich nicht vorbereiten – die frische Zubereitung ist alles.

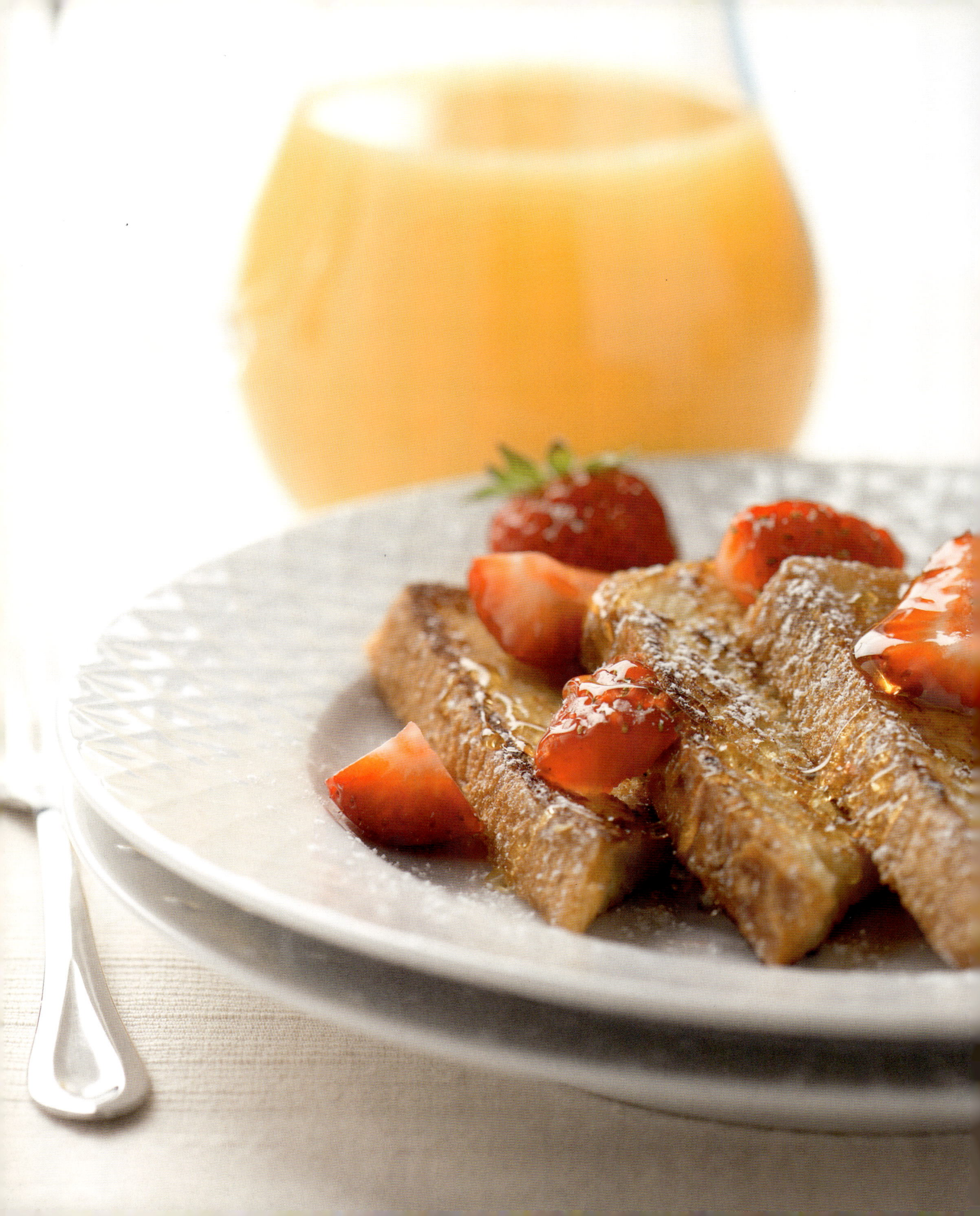

FRENCH TOAST MIT FRISCHEN ERDBEEREN (Für 6 Personen)

Teig

500 ml Milch

5 Eier

1 EL Vanillezucker

1 EL Grand Manier, nach Belieben

70 g Zucker

1 EL Orangenschale, fein gerieben

1 Messerspitze Muskatnuss

etwas Salz

12 Scheiben Butter-Brioche

Butter zum Anbraten

Staubzucker zum Bestreuen

Ahornsirup

frische Erdbeeren, in Stücke geschnitten

Alle Zutaten für den Teig gut verrühren. Briochescheiben gänzlich in den Teig eintunken und ein paar Sekunden einweichen lassen.
Das Backrohr auf 150 °C vorheizen.
Etwas Butter in einer Pfanne erhitzen, so viele Briochescheiben wie möglich einlegen und auf beiden Seiten goldbraun backen. Die fertigen French Toasts im Backrohr auf einem Teller warm stellen, bis sie serviert werden. Mit Staubzucker bestreuen und mit Ahornsirup und Erdbeeren servieren.

Zeit: 20 Minuten

Tipp: Den Teig kann man schon am Tag zuvor mischen, kalt stellen und vor dem Verarbeiten noch einmal aufrühren. Wenn Sie keine Brioche im Haus haben, verwenden Sie doch ganz einfach Striezel oder Toastbrot. Je nach Geschmack kann man statt der Erdbeeren auch Bananenstücke dazu reichen.

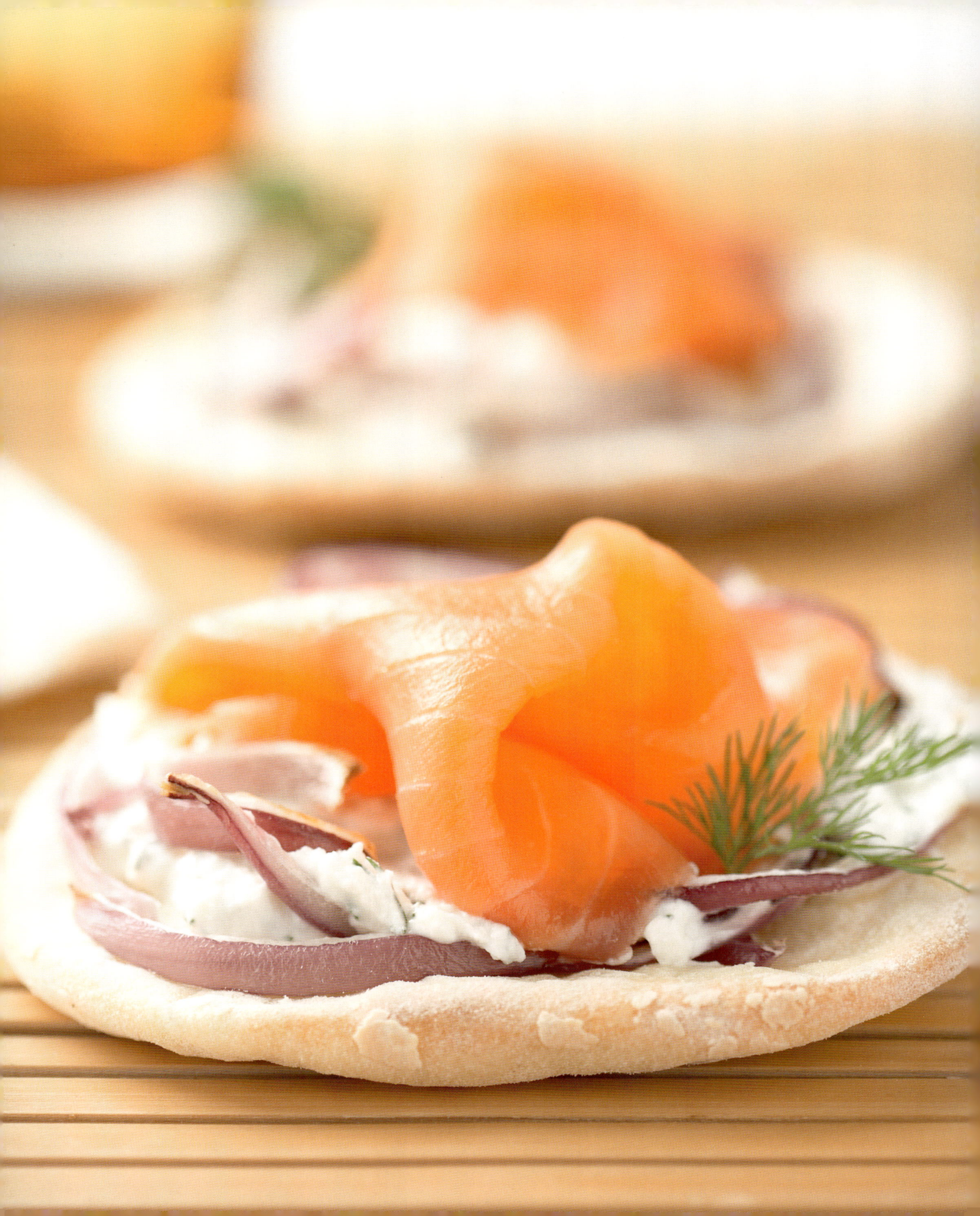

PIZZA MIT GERÄUCHERTEM LACHS (Für 6 Personen)

Pizzateig

225 g Mehl, universal

13 g frische Hefe oder
½ Päckchen Trockenhefe

½ TL Honig

250 ml warmes Wasser

½ TL Salz

½ EL Knoblauch-Chili-Öl

Knoblauch-Chili-Öl

100 ml Olivenöl

2 Knoblauchzehen, zerstoßen

1 Chilischote

Für den Belag

2 kleine rote Zwiebeln, in feine Ringe geschnitten

2 EL Streichkäse (Philadelphia)

etwas frische Dille

100 g geräucherter Lachs

2 TL Schnittlauch, fein geschnitten

Für das Knoblauch-Chili-Öl die Zutaten in einem Kochtopf zum Kochen bringen, 4–5 Minuten köcheln. Vorsicht, dass der Knoblauch nicht anbrennt. Dann abseihen.
Für den Pizzateig den Honig mit der Hefe in etwas Wasser aufweichen. In einer Rührmaschine Mehl, Salz, Knoblauch-Chili-Öl, Hefe-Mischung und das restliche Wasser ca. 5 Minuten kneten, bis ein elastischer Teig entsteht. Anschließend an einem warmen Ort ca. 30–45 Minuten gehen lassen.
Das Backrohr auf 240 °C vorheizen.
Den Teig mit einem Nudelholz ausrollen oder mit der Hand zu einer runden, dünnen Pizza ausziehen. Den Boden mit etwas Knoblauch-Chili-Öl bestreichen und die Zwiebelringe darauf legen. Nun im Backrohr 6–8 Minuten backen. Herausnehmen, die Pizza auf ein Brett legen, mit Streichkäse bestreichen, mit Dill bestreuen und die Lachsscheiben darauf legen. Mit Schnittlauch bestreuen und sofort servieren.

Zeit: 20 Minuten

Wein: Soave, Veneto

Tipp: Mit einigen Häufchen Kaviar auf den Lachsscheiben wird daraus im Nu eine Pizza de luxe. Wenn man die Pizza vorbereiten will, bäckt man sie nur 5 Minuten, stellt sie beiseite und schiebt sie vor dem Servieren noch einmal für etwa 3–4 Minuten ins Rohr. Dann belegen wie oben beschrieben.

ASIAN LUNCH PARTY

Geladen sind Stäbchen & Co.

Spontan findet sich eine lustige Mittagspartie ein. Ein schneller Lunch muss her? Kein Problem: Machen wir einen Trip in die asiatische Küche. Eine leichte Alternative zum klassisch Nudeligen à la Italiana ist die Küche aus dem fernen Asien. Der Wok entpuppt sich immer mehr als gesunder und spannender Konkurrent zum Spaghetti-Topf. Aus einem Trend wurde eine Selbstverständlichkeit, die nicht mehr wegzudenken ist: Curry & Co. haben ihren fixen Platz in unseren Küchen erobert! Kinderleichte Zubereitung und bereits in jedem Supermarkt erhältliche Zutaten lassen uns unsere Gäste mit exotischen Asia-Gerichten verwöhnen. Her mit den schicken, schlanken Stäbchen …

Dekotipp
Keine andere Blüte kann Asien so stilvoll repräsentieren wie die Blüte der Orchidee. Das wunderschöne Pink harmoniert perfekt mit unseren Accessoires.

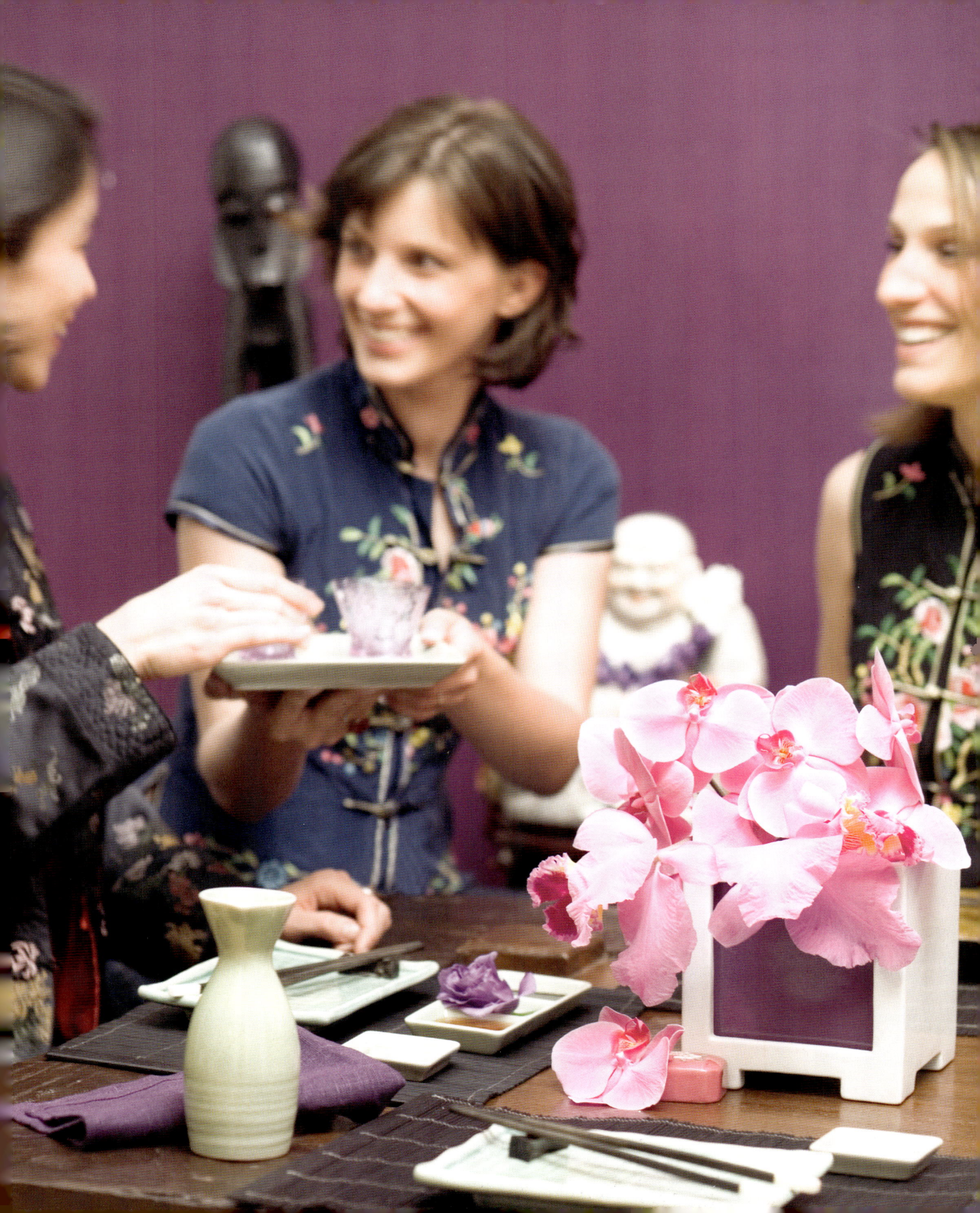

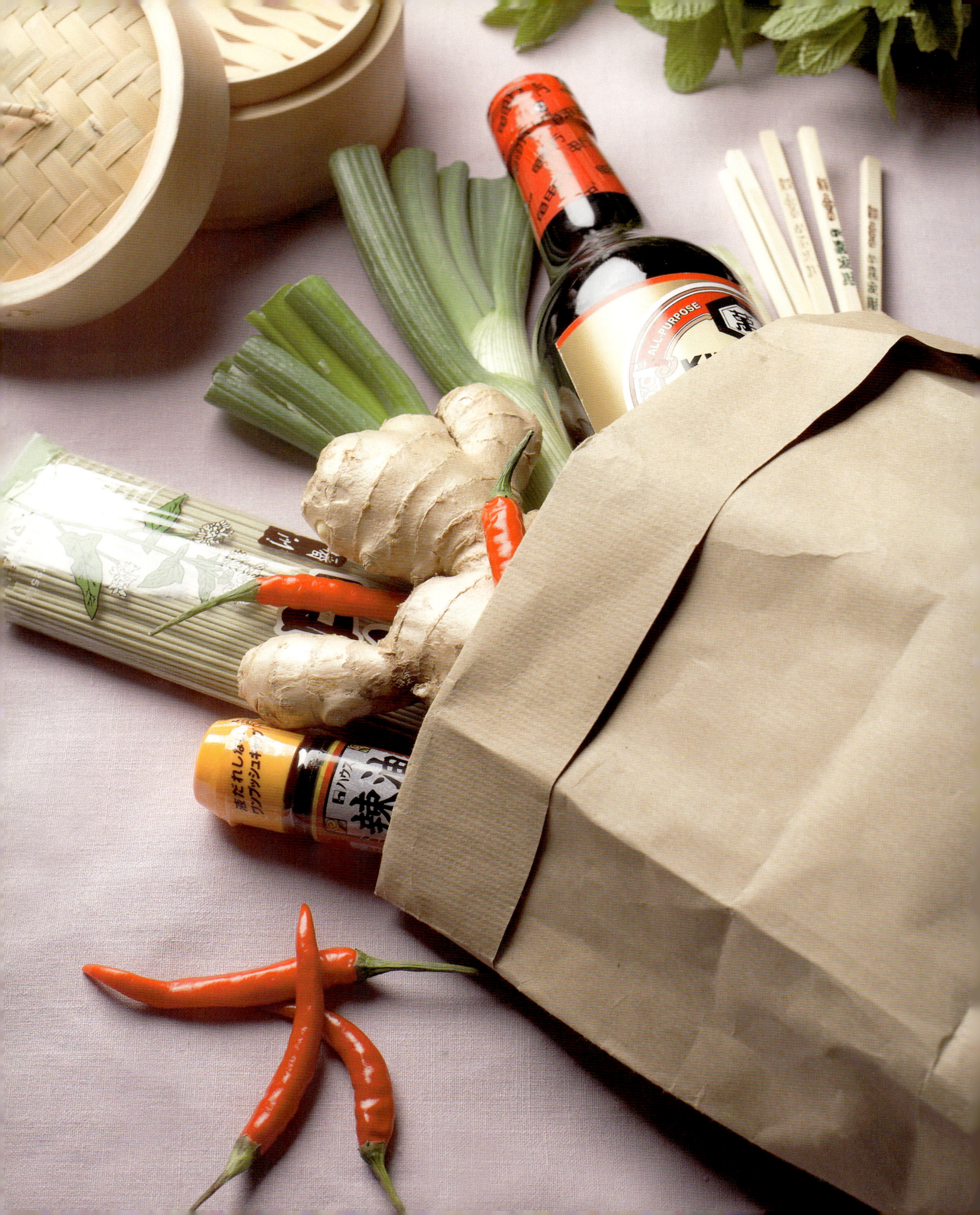
ALL-PURPOSE
辣油

ASIAN LUNCH PARTY

Geladen sind Stäbchen & Co.

MENÜ

Litchi-Daiquiri
Edamame und Hummerchips

Vorspeisen
Vietnamesische Shrimpsrollen
Hong Kong Potstickers
Hot and Sour Soup

Hauptspeisen
Fisch auf Singapur-Art
Woknudeln mit Garnelen
Grünes Hühnercurry mit Gemüse

Dessert
Banana Fritters

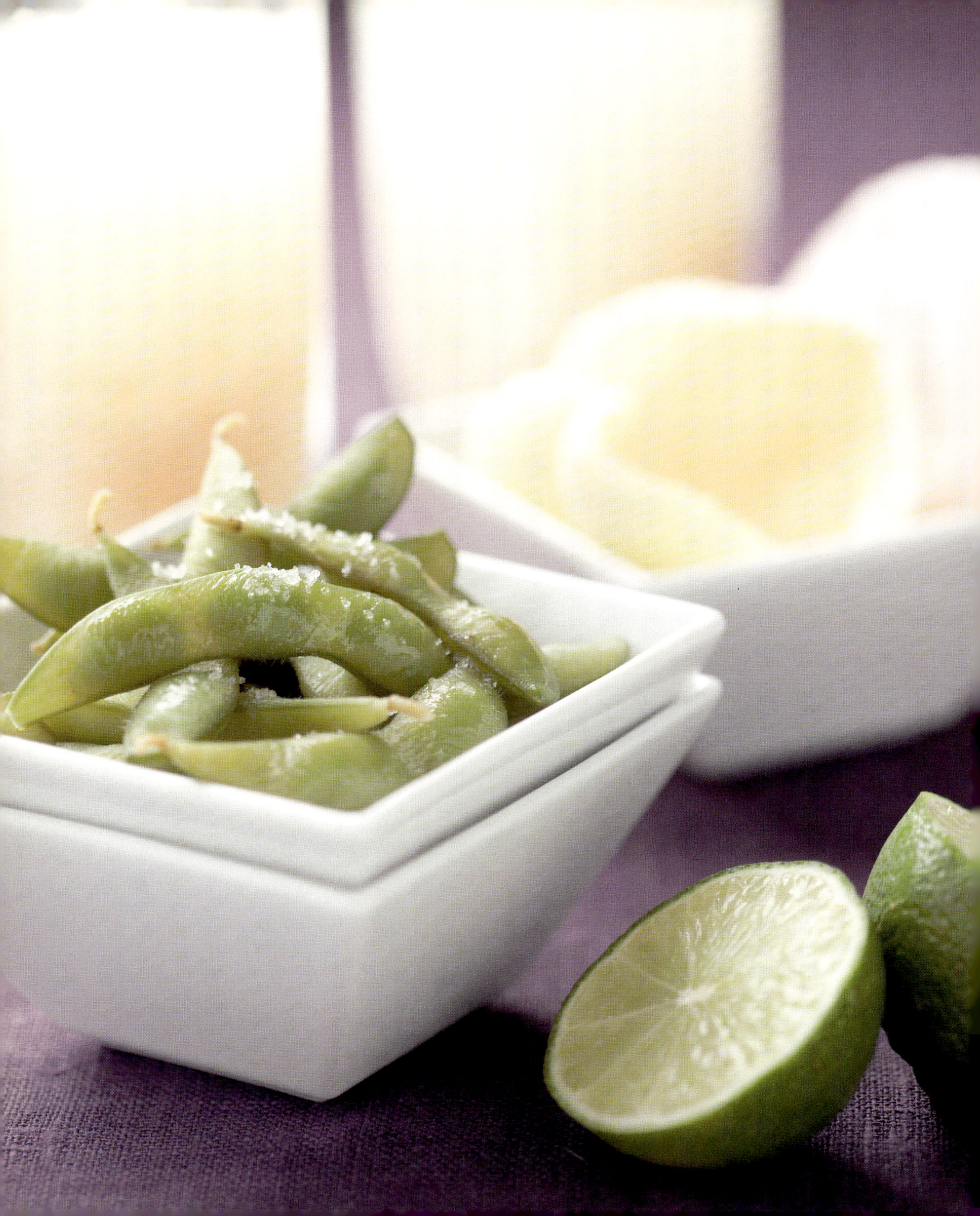

LITCHI-DAIQUIRI (Für 6 Personen)

1 Dose Litchi, nur das Fruchtfleisch
Saft von 2 Limetten
2 EL Zucker
200 ml Rum (Bacardi)
reichlich Eiswürfel

Alle Zutaten in den Standmixer geben, fest pürieren und sofort in attraktiven Gläsern servieren.

EDAMAME (Für 6 Personen)

500 g Edamame (unreife Sojabohnen aus Japan), aus dem japanischen Fachhandel
Salz

Edamame in reichlich Salzwasser 3–5 Minuten kochen. Abseihen, mit einer Prise Salz bestreuen. Edamame werden im Ganzen als Snack serviert, die Schoten werden mit den Fingern ausgedrückt – man isst nur die Erbsen.

HUMMERCHIPS (Für 6 Personen)

50 g Hummerchips, getrocknet
Pflanzenöl zum Herausbacken

Die getrockneten Hummerchips ein paar Sekunden pro Stück in Pflanzenöl herausbacken. Sie werden ca. 4 Mal so groß und bekommen eine weiße Farbe. Achtung: Wenn man sie zu lange frittiert, schmecken sie schnell verbrannt.

Zeit: pro Gericht ca. 10 Minuten

Tipp: Den Drink können Sie natürlich mit diversen anderen Früchten variieren.
Die Edamame schmecken auch kalt sehr gut, so können Sie diese Spezialität schon einige Stunden vorher zubereiten. So auch die Hummerchips. Falls die Zeit knapp ist: Hummerchips sind im Fachhandel auch fertig erhältlich.

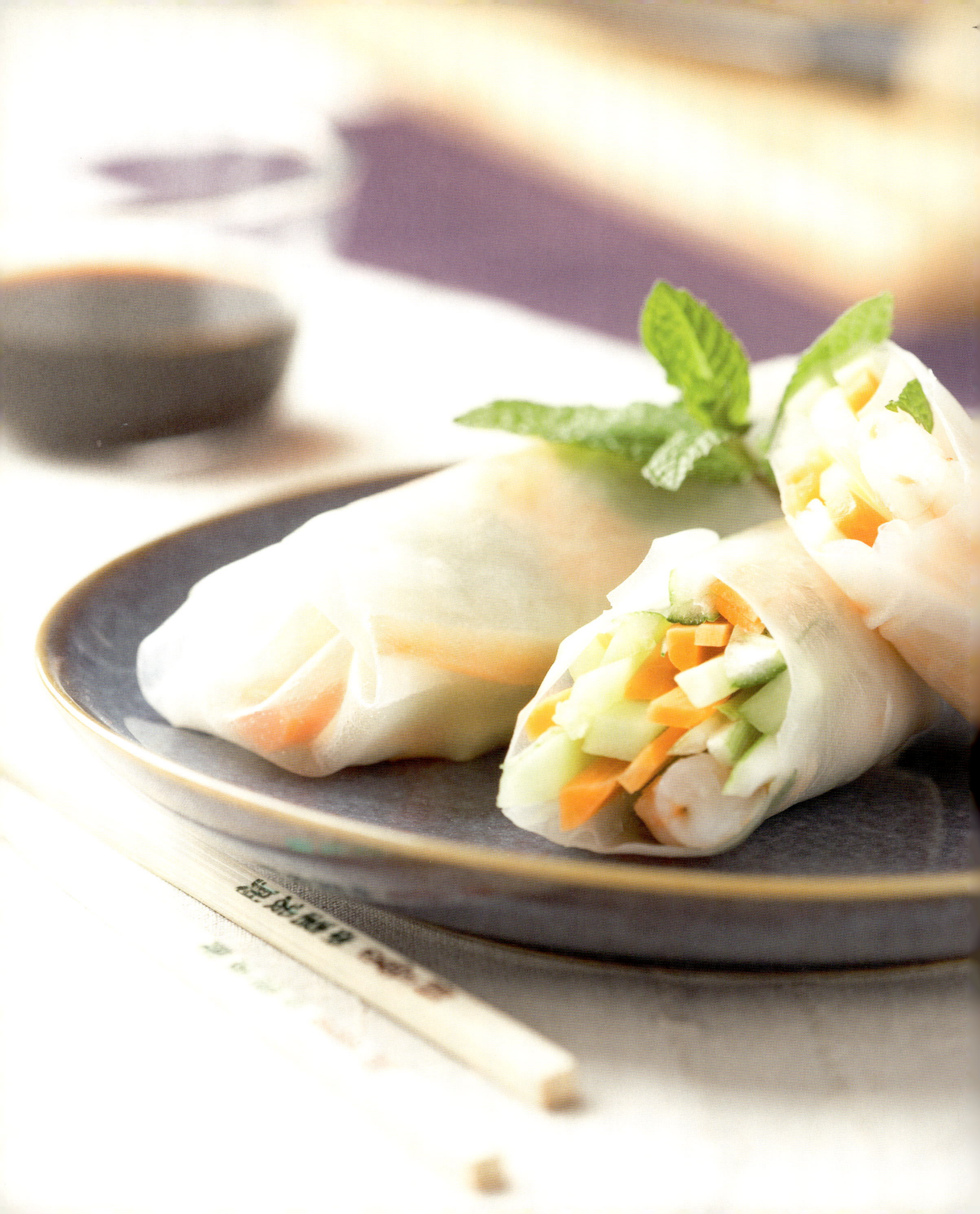

VIETNAMESISCHE SHRIMPSROLLEN (Für 20 Stück)

20 runde Reispapierblätter

40 große Party-Shrimps oder kleine Garnelen, blanchiert und geschält

40 frische Minzeblätter

2 Karotten

½ Gurke

3 Jungzwiebeln

süß-saure Sauce (aus dem Asia-Shop)

Soja-Dip

4 EL Sojasauce

1 TL frischer Ingwer, geschält und in kleine Scheiben geschnitten

1 rote Chilischote, in dünne Ringe geschnitten

1 Jungzwiebel, in dünne Ringe geschnitten

Karotten und Gurke schälen, die Gurke entkernen. Das Gemüse in etwa 5 cm lange, dünne Streifen schneiden. Die Reispapierblätter einzeln ein paar Sekunden in heißes Wasser legen, bis sie weich sind. Nun sofort verwenden. Auf je ein Reispapierblatt 2 Minzeblätter, 2 Shrimps, ein paar Karotten-, Gurken- und Jungzwiebelstreifen legen, die Seiten zusammenklappen und fest von unten nach oben einrollen.

Mit Soja-Dip oder süß-saurer Sauce servieren.

Zeit: etwa 40 Minuten

Wein: Sauvignon Blanc, Steiermark

Tipp: Die Shrimpsrollen können Sie auch ein paar Stunden vor dem Servieren zubereiten. Man muss sie allerdings mit einem feuchten Tuch abdecken, da sie sonst austrocknen. Auch der Soja-Dip lässt sich gut im Voraus vorbereiten – so können sich die Aromen entfalten.

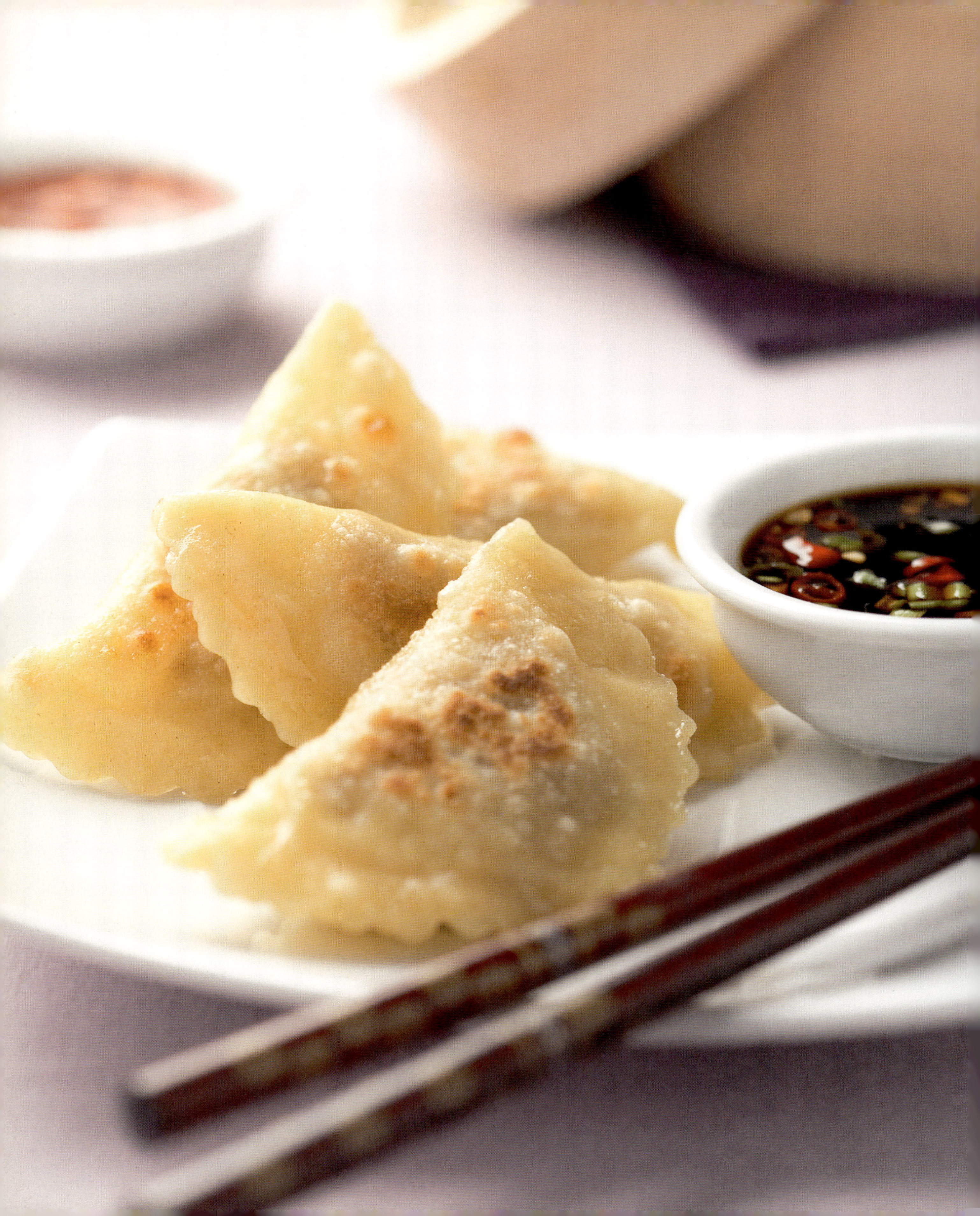

HONG KONG POTSTICKERS (Für 24 Stück)

Teig

200 g Mehl, glatt oder universal

150 ml Wasser

1 Ei

Salz

Füllung

200 g Blattspinat, frisch oder gefroren

300 g faschiertes Schweinefleisch

1 EL Jungzwiebel, klein geschnitten

1 EL frischer Ingwer, geschält und gerieben

1 TL brauner Zucker

1 EL Sojasauce

1 EL Reiswein oder trockener Sherry

1 TL Sesamöl

Salz

evtl. Pflanzenöl zum Anbraten

süß-saure Sauce (aus dem Asia-Shop)

Soja-Dip (siehe S. 57)

Das Mehl sieben, mit Wasser, Ei und Salz zu einem glatten Teig verrühren und 25 Minuten rasten lassen.
Frischen Spinat in etwas kochendem Salzwasser zusammenfallen lassen, gefrorenen Spinat mit etwas Salzwasser auftauen. Wasser sorgfältig ausdrücken und den Spinat in kleine Stücke schneiden. Nun mit faschiertem Fleisch, Jungzwiebel, Ingwer, Zucker, Sojasauce, Sherry und Sesamöl vermischen und mit Salz abschmecken. Den Teig mit etwas Mehl ganz dünn ausrollen, in ca. 10 cm große, runde Scheiben ausstechen. Etwas Füllung jeweils in die Kreismitte setzen, zu einer Teigtasche zusammenklappen und die Ränder fest andrücken.
In reichlich kochendem Salzwasser die Potstickers ca. 2 Minuten garen, von der Flamme nehmen und weitere 15 Minuten ziehen lassen. Man kann sie so servieren oder noch in heißem Öl goldgelb braten. Sofort mit Soja-Dip und süß-saurer Sauce servieren.

Zeit: 1 Stunde

Wein: Riesling, Mosel

Tipp: Die Potstickers sind auch sehr gut und viel einfacher, wenn man sie ohne Teig macht. In diesem Fall rollt man die Fleischmischung in nussgroße Bällchen und brät diese in etwas Pflanzenöl ab. Kein Stress! Bereiten Sie die Bällchen bis zu zwei Wochen vor Ihrer Asia-Party vor – in der Tiefkühltruhe halten sie sich problemlos. Vor dem Servieren rasch anbraten und noch einen Moment ins heiße Rohr.

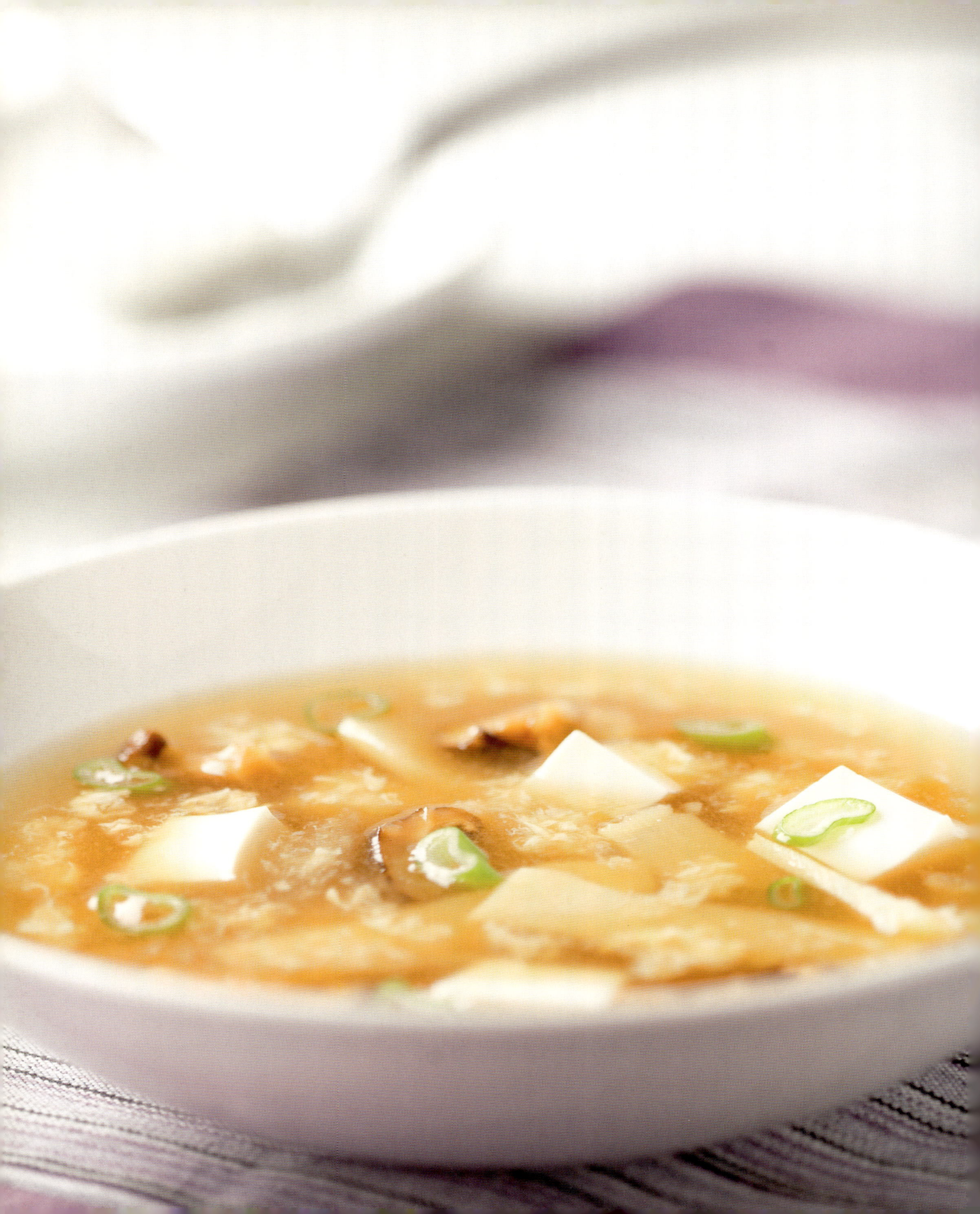

HOT AND SOUR SOUP (Für 6 Personen)

10 Shiitakepilze, in Streifen geschnitten (wenn es getrocknete Pilze sind, zuerst 30 Minuten in heißem Wasser einweichen)

180 g Bambussprossen, in Streifen geschnitten

1 l Hühnersuppe

4 TL Sojasauce

Salz

200 g Tofu, in Würfel geschnitten

6 TL Weinessig

Pfeffer aus der Mühle

6 TL Maisstärke, mit 2 ½ EL kaltem Wasser verrührt

2 Eier, verquirlt

etwas Sesamöl (nicht zuviel, da es sehr intensiv ist)

1 Jungzwiebel, klein geschnitten

Sojasauce zum Abschmecken

Die ersten fünf Zutaten in einem Wok (oder Topf) zum Kochen bringen, bei kleiner Flamme 3 Minuten köcheln. Nun Tofu, Essig und Pfeffer hinzufügen und nochmals aufkochen lassen. Die flüssige Maisstärke dazurühren, bis die Suppe etwas dicklich wird.
Zum Schluss die Eier einrühren und die Suppe mit Salz, Pfeffer und Sojasauce abschmecken.
Die Suppe in Schüsseln anrichten, ein paar Tropfen Sesamöl darüber träufeln und mit Jungzwiebelringen dekorieren.

Zeit: 20 Minuten

Tipp: Suppe einmal anders – und noch dazu schnell, einfach und köstlich. Man kann die Suppe auch am Vortag zubereiten, nur die Eier erst kurz vor dem Servieren einrühren.

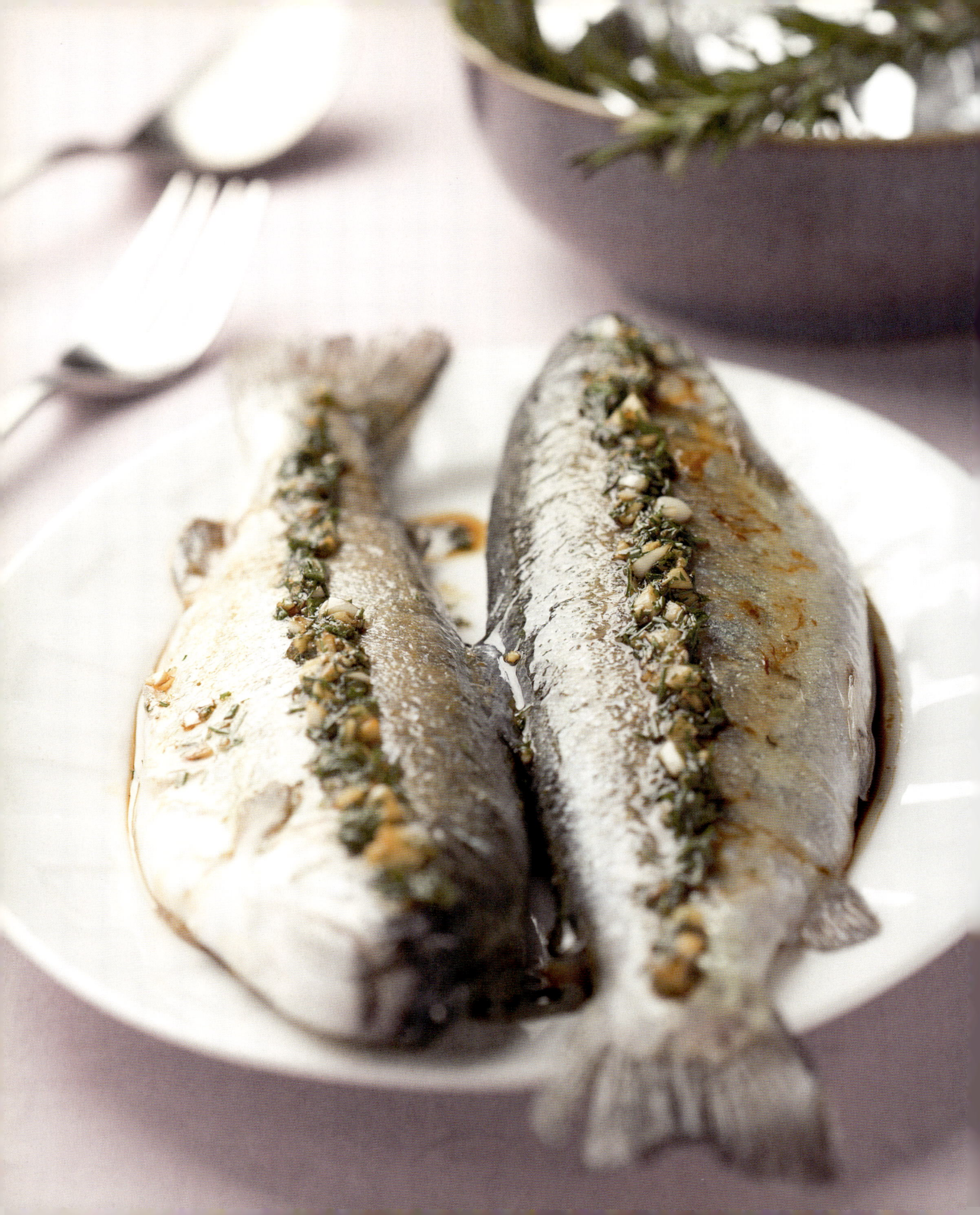

FISCH NACH SINGAPUR-ART (Für 6 Personen)

6 ganze Saiblinge oder Forellen
Pfeffer aus der Mühle
Pflanzenöl zum Anbraten
Alufolie

Marinade
80 ml dicke japanische Sojasauce
50 ml Olivenöl
4 EL Dille, gehackt
4 EL Rosmarin, gehackt
4 Knoblauchzehen, zerstoßen

Backrohr auf 180 °C vorheizen.
Die Fische waschen, mit Pfeffer würzen und in die Marinade legen. 30 Minuten marinieren. Etwas Öl in einer Pfanne erhitzen und den marinierten Fisch auf beiden Seiten kurz anbraten. Anschließend jeden Fisch auf ein großzügiges Stück Alufolie legen, etwas Sauce darüber gießen und einwickeln. Im Backrohr ca. 15–20 Minuten braten und gleich servieren.

Zeit: 30 Minuten

Wein: Gewürztraminer, Südtirol

Tipp: Natürlich können auch Salzwasserfische auf diese Art zubereitet werden. Ebenso Fischfilets, die man allerdings nur wenige Minuten im Rohr brät. Als Beilage passt am besten asiatischer gedämpfter Reis oder Bratkartoffel.

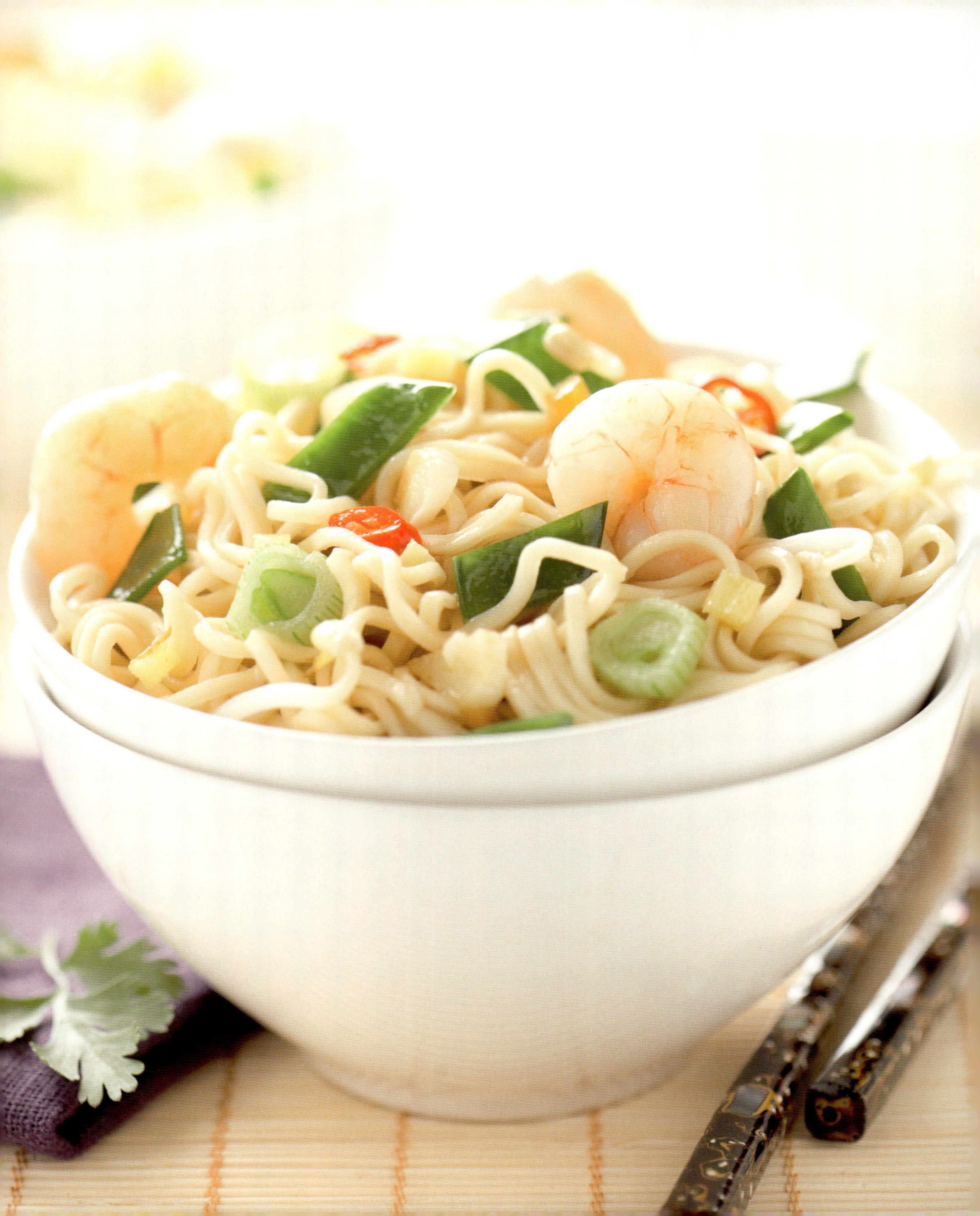

WOKNUDELN MIT GARNELEN (Für 6 Personen)

3 EL Pflanzenöl

2 Knoblauchzehen

1 TL frischer Ingwer, geschält und gerieben

1 rote Chilischote, gehackt

18 kleine Garnelen (auch mehr), geschält

150 g Erbsenschoten, fein geschnitten

250 g Sojasprossen

450 g Chinesische Eiernudeln, in Wasser weich gekocht

2 EL Sojasauce

1 EL Oystersauce

1 EL Sesamöl

2 Jungzwiebeln, in feine Ringe geschnitten

1 EL frische Korianderblätter

Salz und Pfeffer aus der Mühle

Wok, oder eine große Pfanne

Etwas Öl im Wok erhitzen, Knoblauch, Ingwer und Chili dazugeben und kurz anbraten, dann die Garnelen und die Erbsenschoten darunter mischen und 2 Minuten dünsten. Das Ganze in eine Schüssel geben und beiseite stellen. Den Wok mit Küchenpapier auswischen.
Erneut etwas Öl im Wok erhitzen, die Sojasprossen 1–2 Minuten anbraten. Die gekochten Nudeln dazugeben und mit Sojasauce, Oystersauce, Salz und Pfeffer würzen. Das gedünstete Garnelengemüse untermischen und Sesamöl darüber träufeln. Das Gericht im Wok bzw. in der Pfanne servieren und mit den Jungzwiebelringen und den Korianderblättern garnieren. Eventuell noch zusätzliche Sojasauce reichen.

Zeit: 30 Minuten

Wein: Grüner Veltliner Federspiel, Wachau

Tipp: Gerichte aus dem Wok kann man nicht vorkochen, doch kann man alle Zutaten schon im Voraus schneiden. Erst im letzten Moment kommt dann der Wok zum Einsatz.

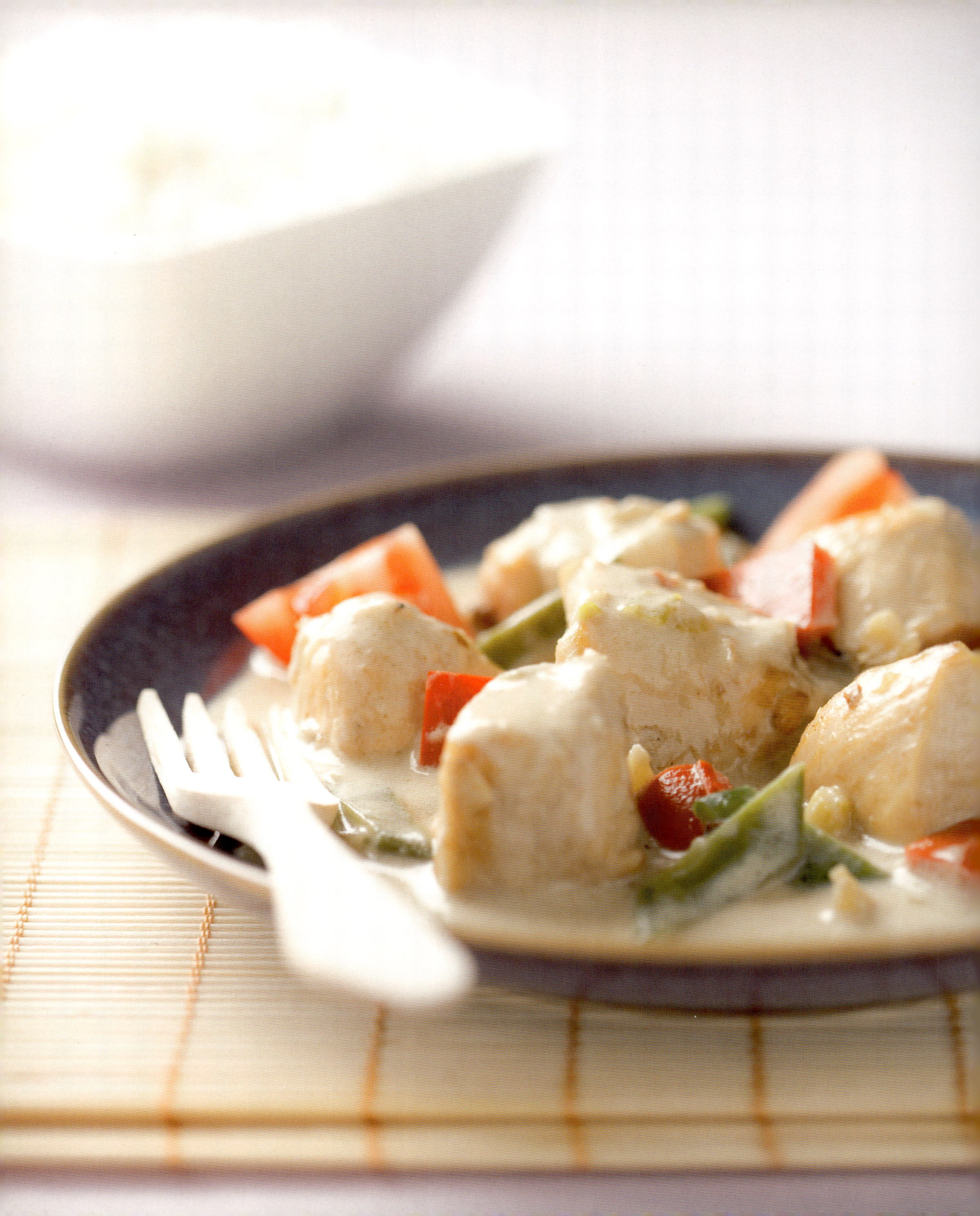

GRÜNES HÜHNERCURRY MIT GEMÜSE (Für 6 Personen)

600 g Hühnerbrüste, in Würfel geschnitten

4 Jungzwiebeln, fein gehackt

1–2 TL grüne Currypaste

2 Tomaten, würfelig geschnitten

100 g Zuckererbsen, in dünne Streifen geschnitten

1 rote Paprikaschote, würfelig geschnitten

800 ml Kokosmilch

Pflanzenöl zum Anbraten

Marinade

2 EL Sojasauce

½ Stange Zitronengras, gerieben

1 EL Ingwer, geschält und frisch gerieben

Alle Zutaten für die Marinade gut verrühren und die Hühnerstücke darin ca. 1 Stunde ziehen lassen.
Das Öl im Wok erhitzen und die Jungzwiebeln darin kurz anbraten. Mit der Currypaste weiterdünsten, danach die Zuckererbsen und Paprikawürfeln hinzufügen. Weitere 2 Minuten anbraten. Anschließend die Kokosmilch dazugießen und zum Kochen bringen. Die Hühnerstücke unterrühren, 1–2 Minuten kochen und zum Schluss die Tomatenstücke dazugeben. Noch einmal kurz aufkochen lassen (nicht zu lange, da das Huhn sonst trocken wird) und rasch servieren.

Zeit: 40 Minuten

Wein: Chardonnay, Australien

Tipp: Basmatireis ist der ideale Begleiter zu diesem Gericht.
Ersetzen Sie das Gemüse durch Bambussprossen und Ananasstücke – so schmeckt es noch frischer und exotischer. Das Huhn können Sie auch über Nacht marinieren, damit es aromatischer wird.

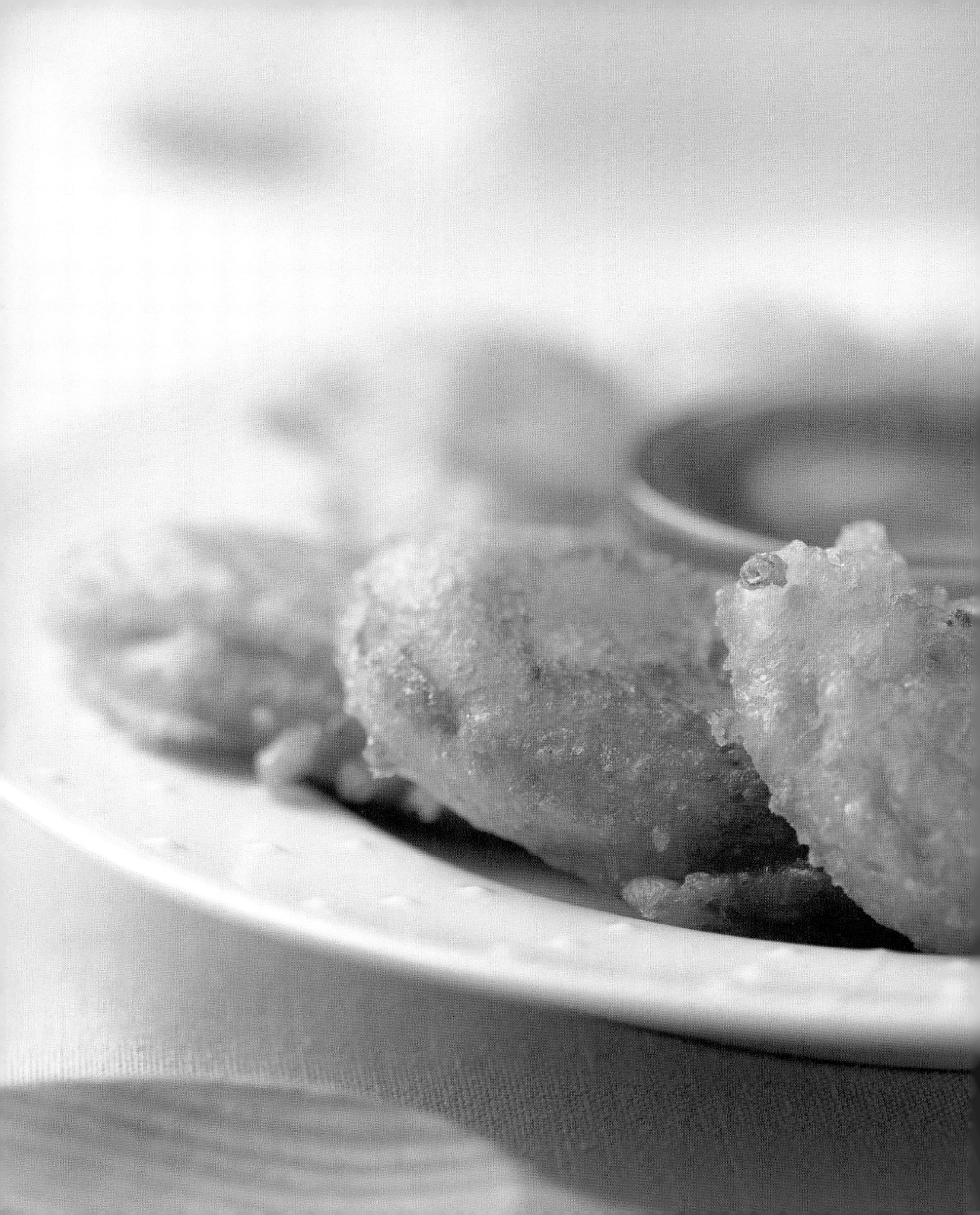

BANANA FRITTERS (Für 6 Personen)

60 g Mehl

Messerspitze Natron

Salz

1 EL Zucker

½ Ei

9 EL Wasser

2 TL Kokosnuss, geraspelt

4 Bananen

Pflanzenöl zum Anbraten

2 EL Honig

Minzeblätter zum Garnieren, nach Belieben

Mehl mit Natron und einer Messerspitze Salz in eine Schüssel sieben, den Zucker dazugeben und das Ei unterrühren. Langsam das Wasser dazugießen, bis ein flüssiger Teig entsteht (Konsistenz ähnlich einem Palatschinkenteig, etwas dicklicher). Die Kokosflocken beimengen.
Die Bananen in Scheiben schneiden. Das Öl im Wok erhitzen, die Bananen in den Teig tunken und in heißem Öl goldgelb backen. Auf einem Küchenpapier abtropfen. Mit Honig servieren.

Zeit: 20 Minuten

Wein: Sauternes, Frankreich

Tipp: Idealerweise lässt man den Teig ein paar Stunden rasten, damit das Mehl etwas aufquellen kann.

SUMMER BBQ

Sommernachtstraum am brutzelnden Grill

Herrlich, der Sommer ist da! Wer liebt sie nicht, die ersten Grillpartys – eine laue Sommernacht im Garten oder auf der Terrasse, vergnügliches Beisammensein mit Freunden, ein kühles Bier und köstliches Essen vom Grill! Das klassische Klischee erwacht jedes Jahr aus dem Winterschlaf: Männer ans Feuer und Frauen zu Saucen und Salaten! Die Jungs stehen alle um den Griller, philosophieren über „rein" männliche Themen und lassen dabei das eine oder andere Steak verbrutzeln – egal! Die Mädls genießen in der Zwischenzeit ihre Drinks und den neuesten Tratsch! In der freien Natur bei flackerndem Kerzenlicht schmeckt's einfach am besten! Lasst den Sommer rein …

Dekotipp
Alles aus dem Garten: frisch duftender Rosmarin mit Kamille! Einfach, und doch raffiniert!

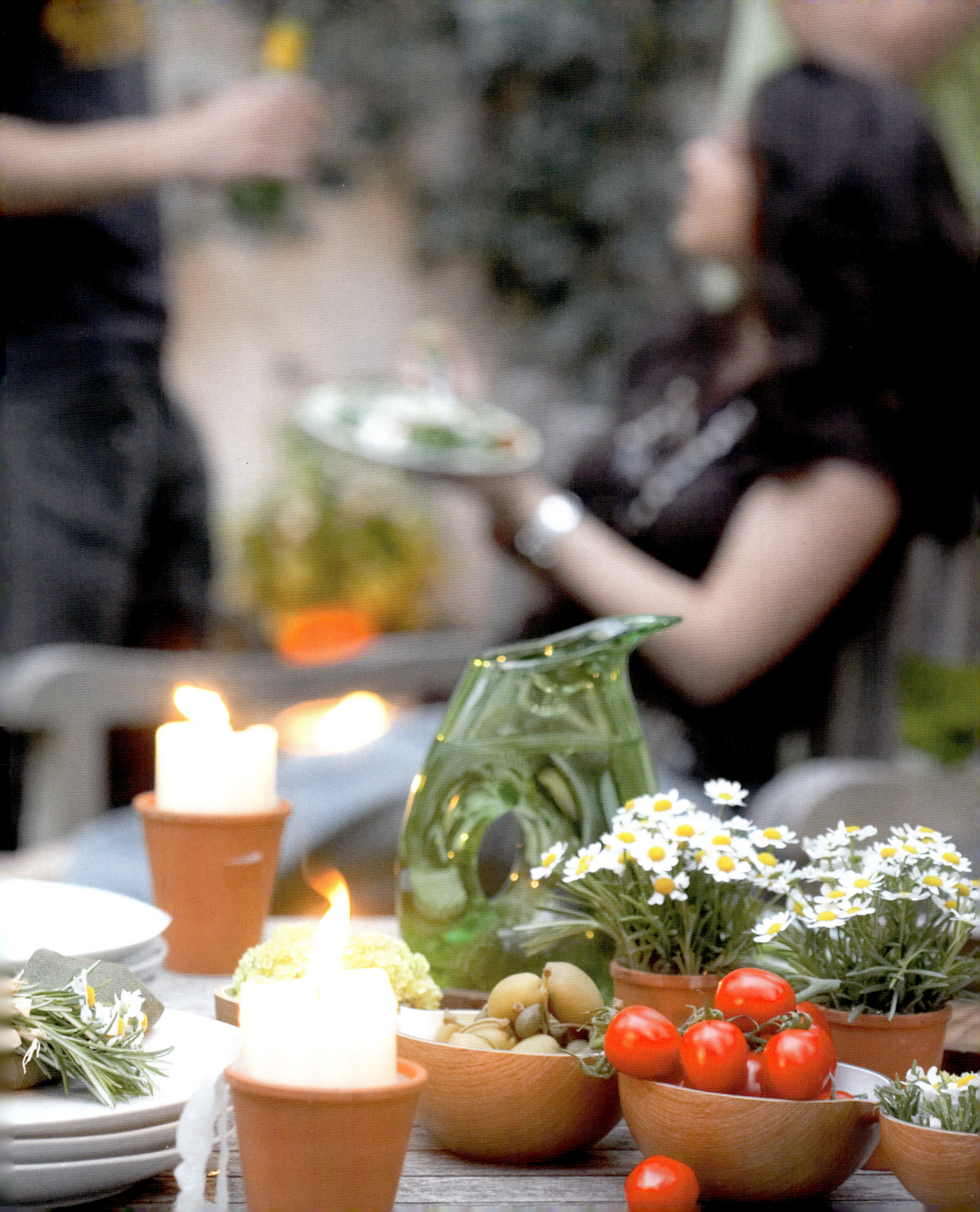

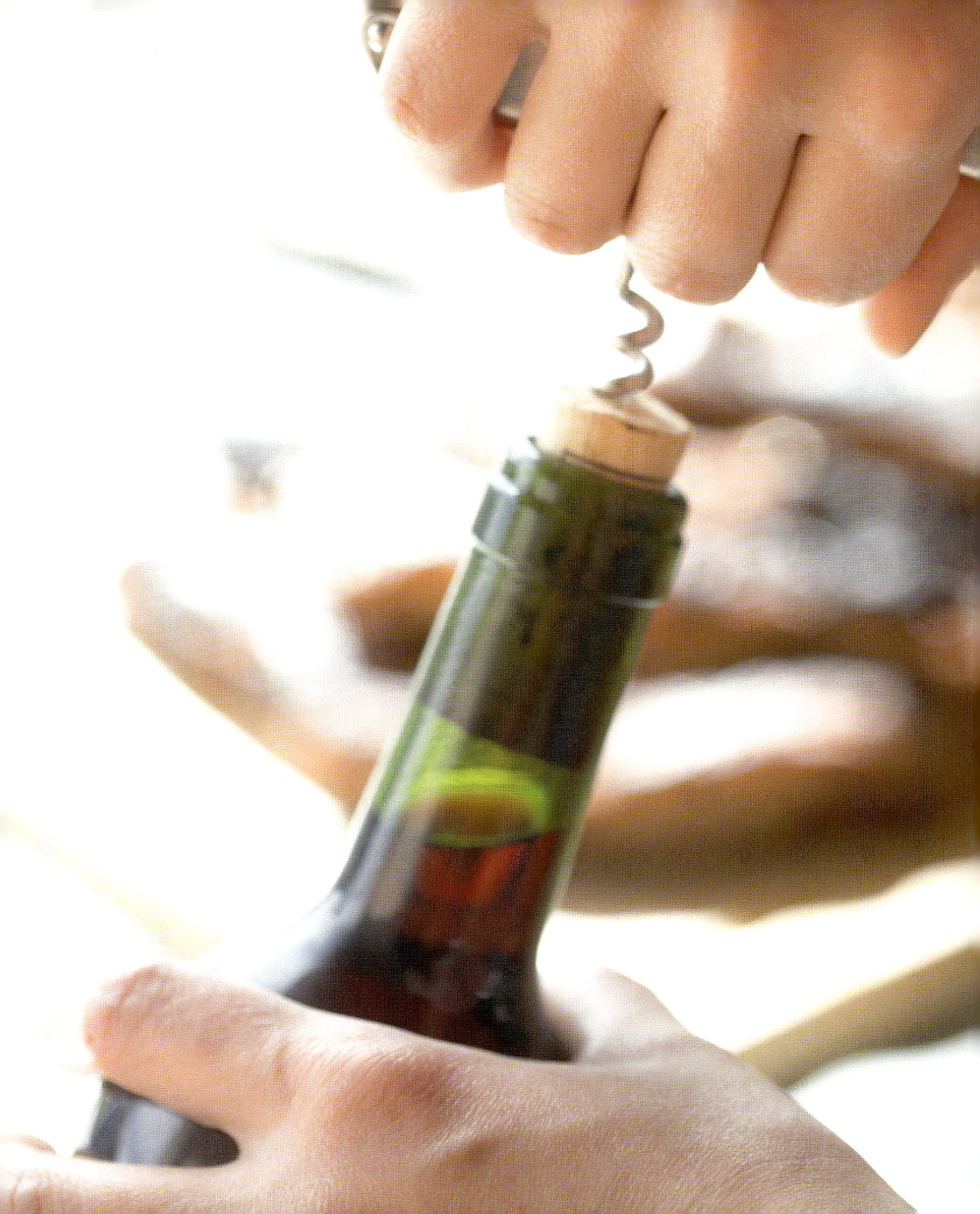

SUMMER BBQ
Sommernachtstraum am brutzelnden Grill

MENÜ

Margarita

Garnelen mit Cocktailsauce

Hauptspeisen

Cocktail-Spareribs

Filetsteaks mit Salsa Verde

Wels in Tomatensalsa mit Pinienkernen

Dazu

Italienisches Rosmarinbrot

Gegrillter Gemüsesalat

Caesar's Salad

Dessert

Brownies

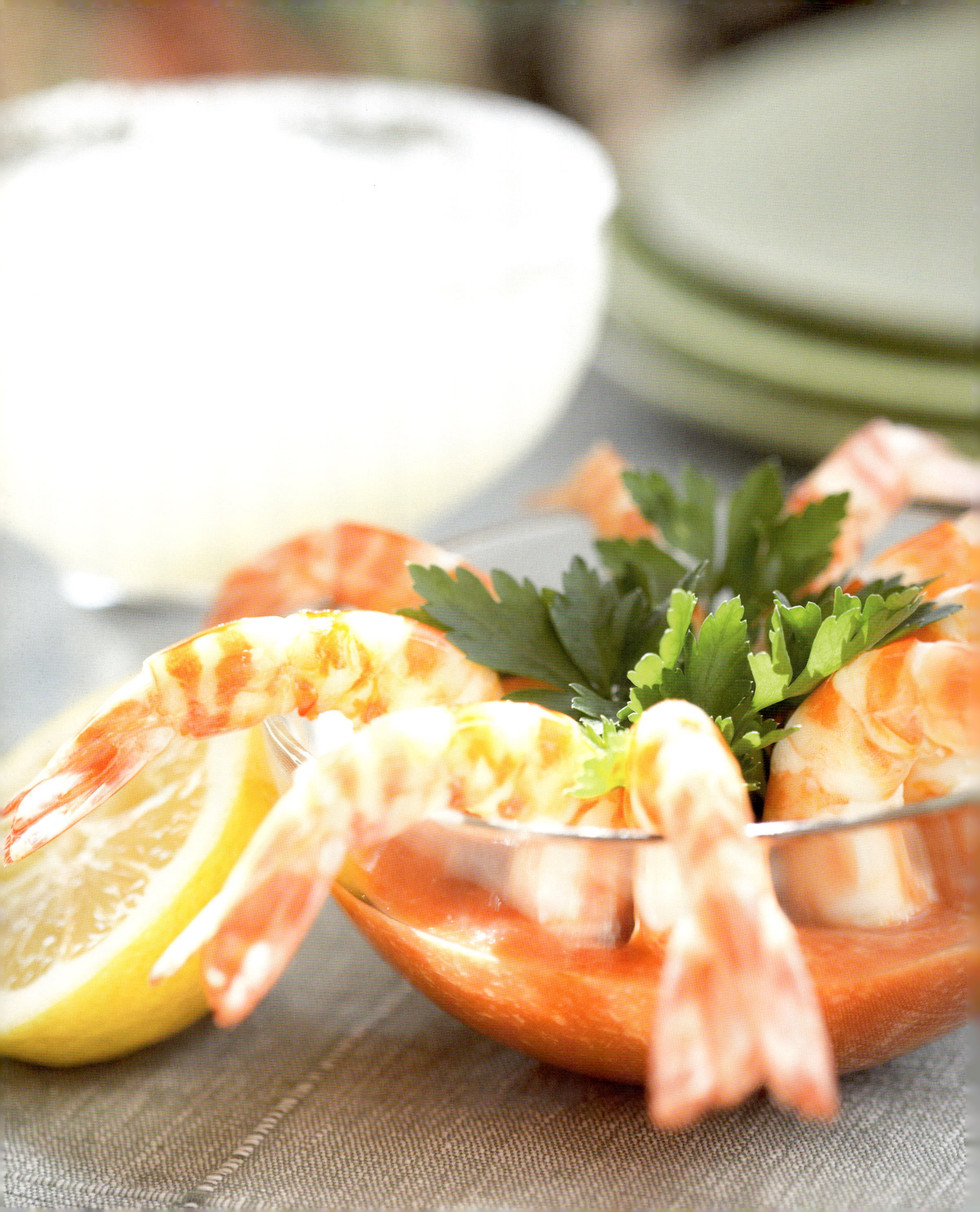

MARGARITA (Für 6 Drinks)

550 ml Limetten- oder Zitronensaft, frisch gepresst

375 ml Tequila

150 ml Cointreau

120 g Zucker, nach Geschmack auch mehr

reichlich Eiswürfel

Den Mixaufsatz einer Küchenmaschine zu drei Viertel mit Eis füllen. Limettensaft, Tequila und Cointreau über das Eis gießen, Zucker hinzufügen. Fest mixen, bis der Inhalt ganz zerkleinert ist. Mit Zucker abschmecken und sofort in beliebigen Cocktailgläsern, falls vorhanden in bauchigen Kelchen, servieren.

Tipp: Der ursprüngliche Margarita wird mit salzigem Glasrand gereicht. Dazu dreht man das Glas ganz einfach um und tunkt den Rand erst in etwas Wasser und dann in Salz.
In der American Bar erfreuen sich auch Versionen mit frischen Früchten wie Erdbeeren oder Mangos großer Beliebtheit. In diesem Fall benötigt man nur 150 ml Limettensaft, der Rest der Menge ist Fruchtfleisch.

GARNELEN MIT COCKTAILSAUCE (Für ca. 25 Stück)

25 Stück Garnelen

Cocktailsauce

250 g Ketchup

2 ½ TL Kren

½ TL Tabasco

¼ TL Salz

1 EL Zitronensaft, frisch gepresst

etwas Petersilie, gehackt

Für die Cocktailsauce alle Zutaten in einer Schüssel vermengen, würzig abschmecken. Bis zur Verwendung kühl stellen. Die Garnelen bis auf den Schwanz schälen. Wasser zum Kochen bringen. Die Garnelen darin 1–2 Minuten kochen, bis sie rosa sind, abseihen und mit Küchenpapier trocken tupfen. Die Cocktailsauce in Gläsern anrichten und die Garnelen jeweils am Rand des Glases einhaken, sofort servieren.

Zeit: 20 Minuten

Tipp: Auch vorgekochte Garnelen eignen sich gut, allerdings sollte man sie aus hygienischen Gründen kurz mit heißem Wasser überbrühen (übergießen). Man kann die Cocktailsauce bis zu einem Tag vorher zubereiten – nur die Petersilie sollte frisch untergerührt werden.

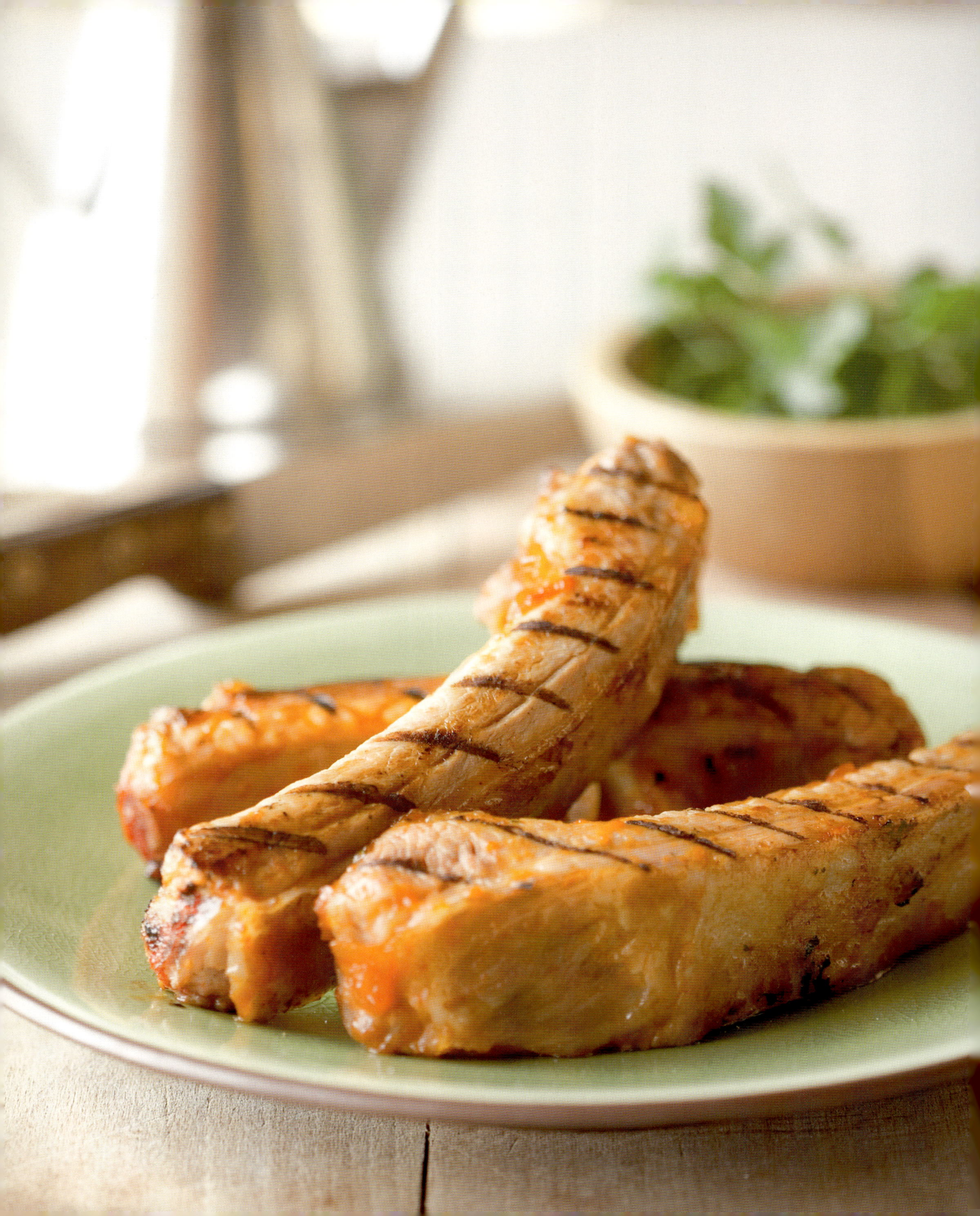

COCKTAIL-SPARERIBS (Für 6 Personen)

1,2 kg Schweinsrippen

Marinade

2 EL Olivenöl

1 Zwiebel, klein geschnitten

3 Knoblauchzehen, fein gehackt

250 g Ketchup

2 EL Dijonsenf

50 ml Apfelessig

50 ml Worcestershiresauce

50 g brauner Zucker

1 rote Chilischote, frisch oder getrocknet, klein gehackt

1 Messerspitze Cayennepfeffer

Salz, Pfeffer aus der Mühle

Öl in einer Pfanne erhitzen und Zwiebel und Knoblauch darin kurz andünsten. Die restlichen Zutaten für die Marinade hinzufügen und 20 Minuten köcheln lassen. Mit Salz abschmecken und auskühlen lassen. Die Schweinsrippen in dieser Sauce mindestens 1 Stunde marinieren (je länger desto besser).

Den Grill vorheizen. Die Spareribs ca. 20 Minuten grillen, immer wieder wenden. Sofort servieren.

Für die Zubereitung in der Pfanne schneidet man die Rippen in einzelne Teile und brät sie in etwas Öl ab.

Zeit: 40 Minuten

Wein: Rioja, Spanien

Tipp: Legen Sie das Fleisch schon am Tag vorher in die Marinade und erst im letzten Moment auf den Grill. Dadurch gewinnen Sie Zeit und das gebeizte Fleisch gewinnt an Geschmack.

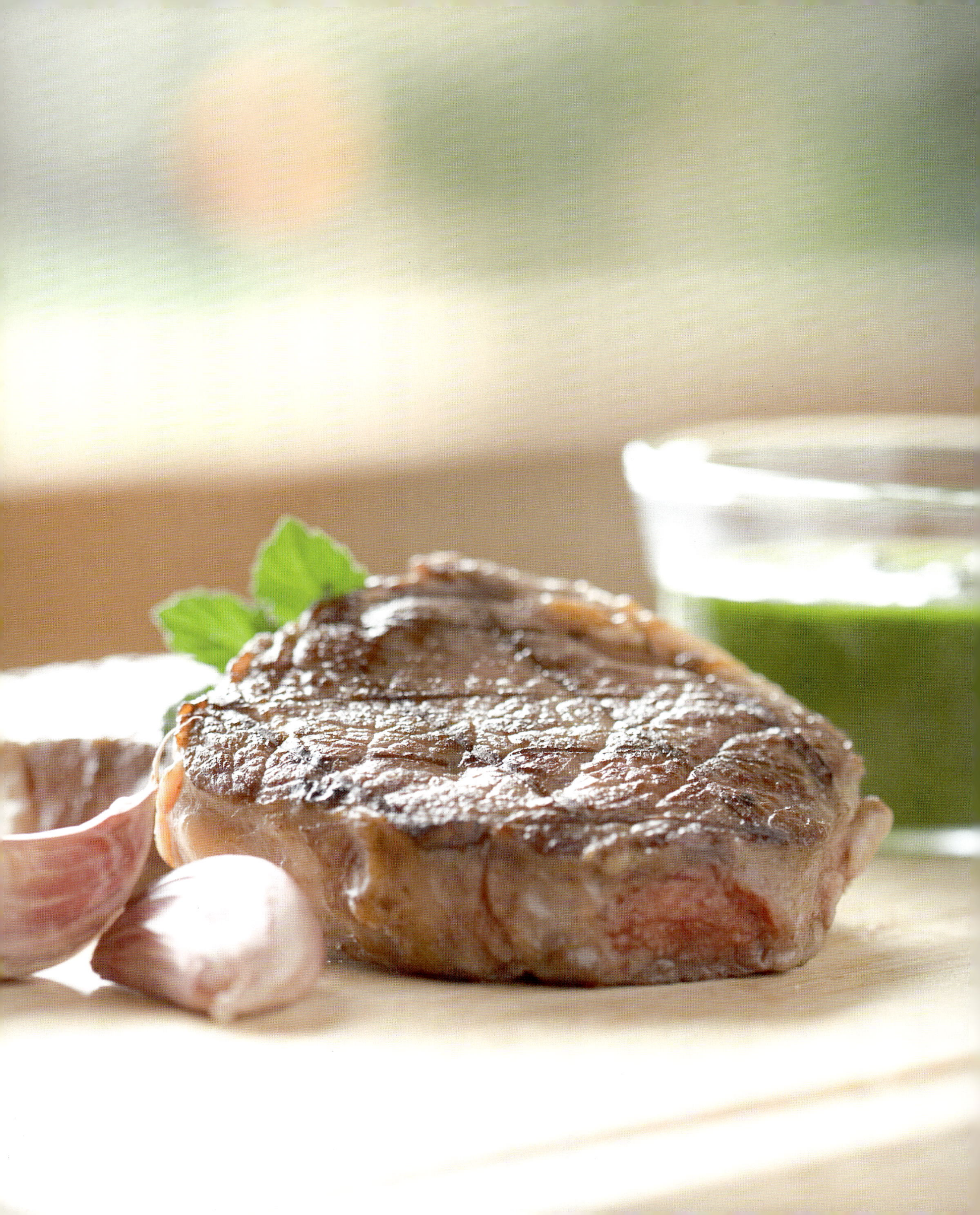

FILETSTEAKS MIT SALSA VERDE (Für 6 Personen)

6 Stück Filetsteaks
Salz und Pfeffer aus der Mühle
Pflanzenöl zum Anbraten

Salsa Verde
2 Knoblauchzehen
viel frische Petersilie (etwas mehr als eine Hand voll)
eine Hand voll frisches Basilikum oder Minze
2 EL Kapern
1 EL Dijonsenf
1 EL Weinessig
150 ml Olivenöl
Salz und Pfeffer aus der Mühle

Für die Salsa Verde den Knoblauch mit Kräutern, Kapern, Dijonsenf und Essig in der Küchenmaschine fest pürieren. Während der Motor läuft, langsam das Olivenöl dazugießen, bis eine homogene Masse entsteht. Mit Salz und Pfeffer abschmecken.
Den Grill vorheizen. Die Steaks mit Öl bestreichen, mit Salz und Pfeffer würzen. Über der heißen Glut auf den Rost legen und je nach Wunsch 3–4 Minuten auf jeder Seite abbraten.
In der Pfanne: Öl erhitzen und die Steaks ebenso 3–4 Minuten auf jeder Seite je nach gewünschtem Garungsgrad abbraten.
Die Salsa Verde zu den Steaks servieren.

Zeit: 25 Minuten

Wein: Blaufränkisch, Burgenland

Tipp: Kühl gelagert, bleibt die Salsa Verde etwa 2–3 Tage frisch. Dann allerdings sollte sie aufgebraucht sein, da die Kräuter an Farbe verlieren. Zu allen möglichen Fleischarten, aber auch zu Fisch passt diese würzige Salsa ganz hervorragend.
Für das Gelingen von Steaks kommt es ganz besonders auf die Fleischqualität an. Kaufen Sie hochwertiges Fleisch bei einem guten Fleischer, damit schlechte Erfahrungen mit zähem Fleisch gleich von Anfang an vermieden werden.

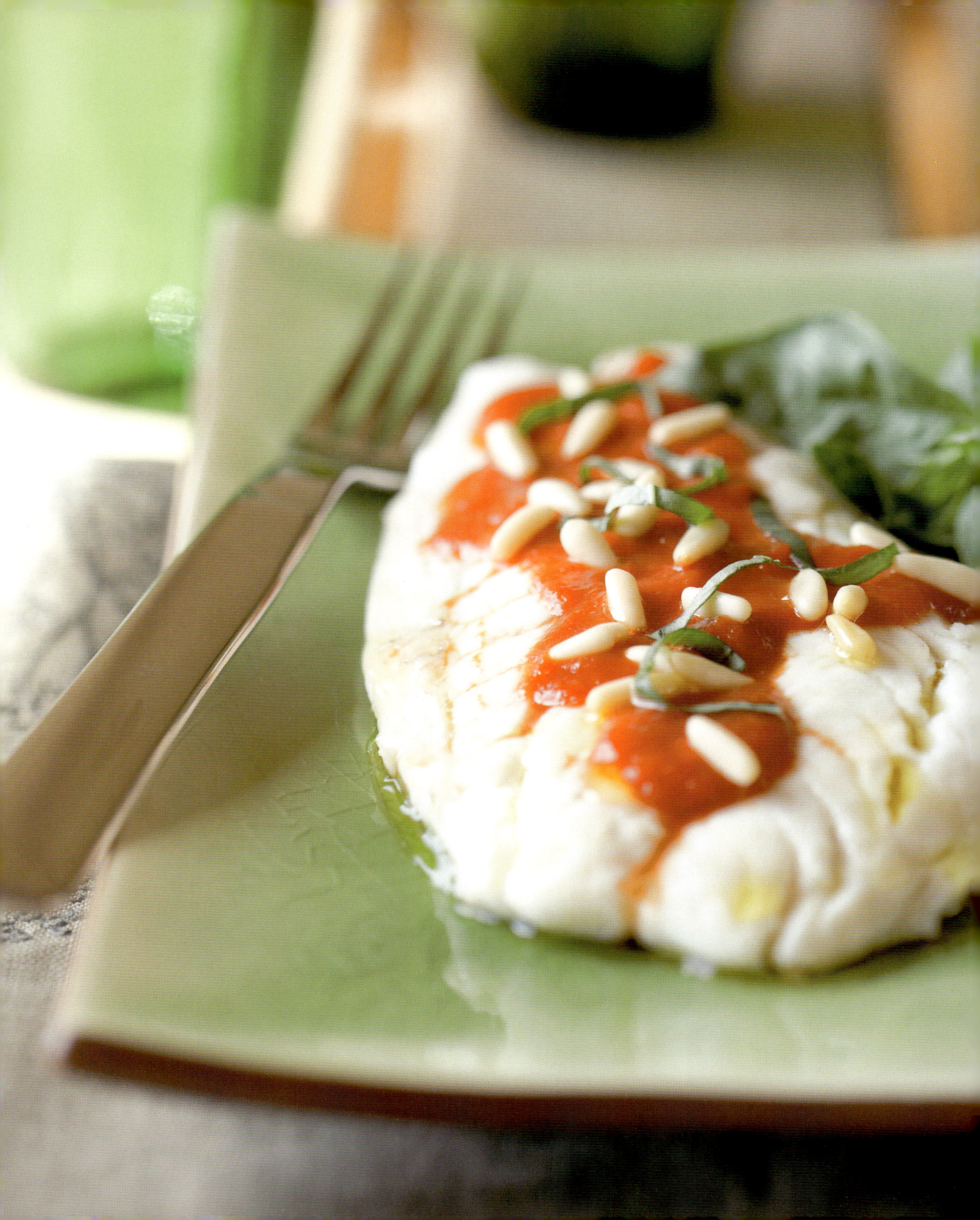

WELS IN TOMATENSALSA MIT PINIENKERNEN (Für 6 Personen)

1,2 kg Filets vom heimischen Flusswels, ohne Haut

150 ml passierte Tomaten

50 g Pinienkerne

3 EL Olivenöl

2 EL frisches Basilikum, in feine Streifen geschnitten

Salz und Pfeffer aus der Mühle

Alufolie

Grilltasse

Pro Welsfilet ein großzügiges Stück Alufolie von der Rolle schneiden und in folgender Reihenfolge belegen: Fisch, Tomaten, Pinienkerne, Olivenöl, Basilikum, Salz und Pfeffer. Nun oben verschließen. Die gefüllten Päckchen nun in einer Grilltasse auf den Rost legen. Je nach Stärke der Filets ca. 20 Minuten grillen, bis der Fisch durch ist.

Zeit: 30 Minuten

Wein: Rosé, Provence

Tipp: Sommerliche Frische bekommt dieses Gericht, wenn man frische Tomatenwürfel verwendet. Natürlich können Sie den Wels durch ein anderes, vorzugsweise festes Fischfilet ersetzen. Walnussöl gibt dem Fisch eine ganz spezielle Note.

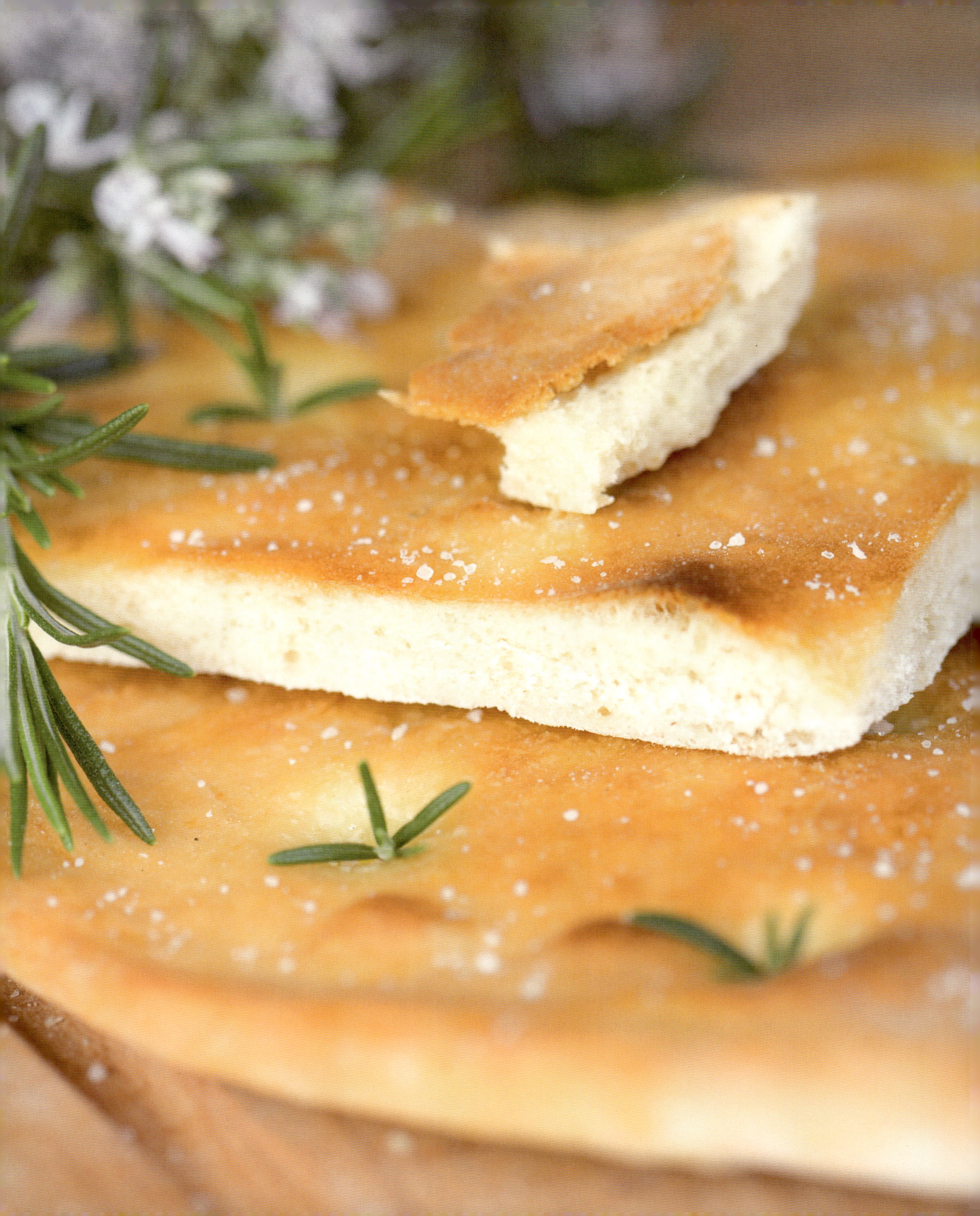

ITALIENISCHES ROSMARINBROT (Für 2 Fladenbrote)

30 g frische Hefe oder
11 g Trockenhefe
250 ml warmes Wasser
450 g Mehl, glatt oder universal
2 TL Salz
2 EL Olivenöl

etwas Olivenöl zum Beträufeln
2 Rosmarinzweige

Hefe in warmem Wasser aufweichen. Mehl und Salz in eine Schüssel sieben, in die Mitte eine Mulde drücken und die aufgeweichte Hefe und das Olivenöl hineingeben. Mit der Küchenmaschine langsam verkneten, bis der Teig weich und elastisch ist.
Mit einem Küchentuch bedeckt etwa 1 Stunde an einem warmen Ort gehen lassen, bis sich das Volumen mehr als verdoppelt hat.
Das Backrohr auf 200 °C vorheizen.
Den Teig nun in 2 Stücke schneiden und beide Teile in zweifingerdicke Kreise walken. Mit etwas Olivenöl beträufeln und mit Rosmarinnadeln bestreuen. Auf ein befettetes Blech legen und 20 Minuten goldbraun backen. Auf einem Gitter auskühlen lassen.

Zeit: 30 Minuten

Wein: Prosecco

Tipp: Köstliche Variationen dieses mediterranen Brotes lassen sich auch mit Salbei oder geriebenen Käse erzielen. Das Brot kann man auch einfrieren und wieder aufbacken.

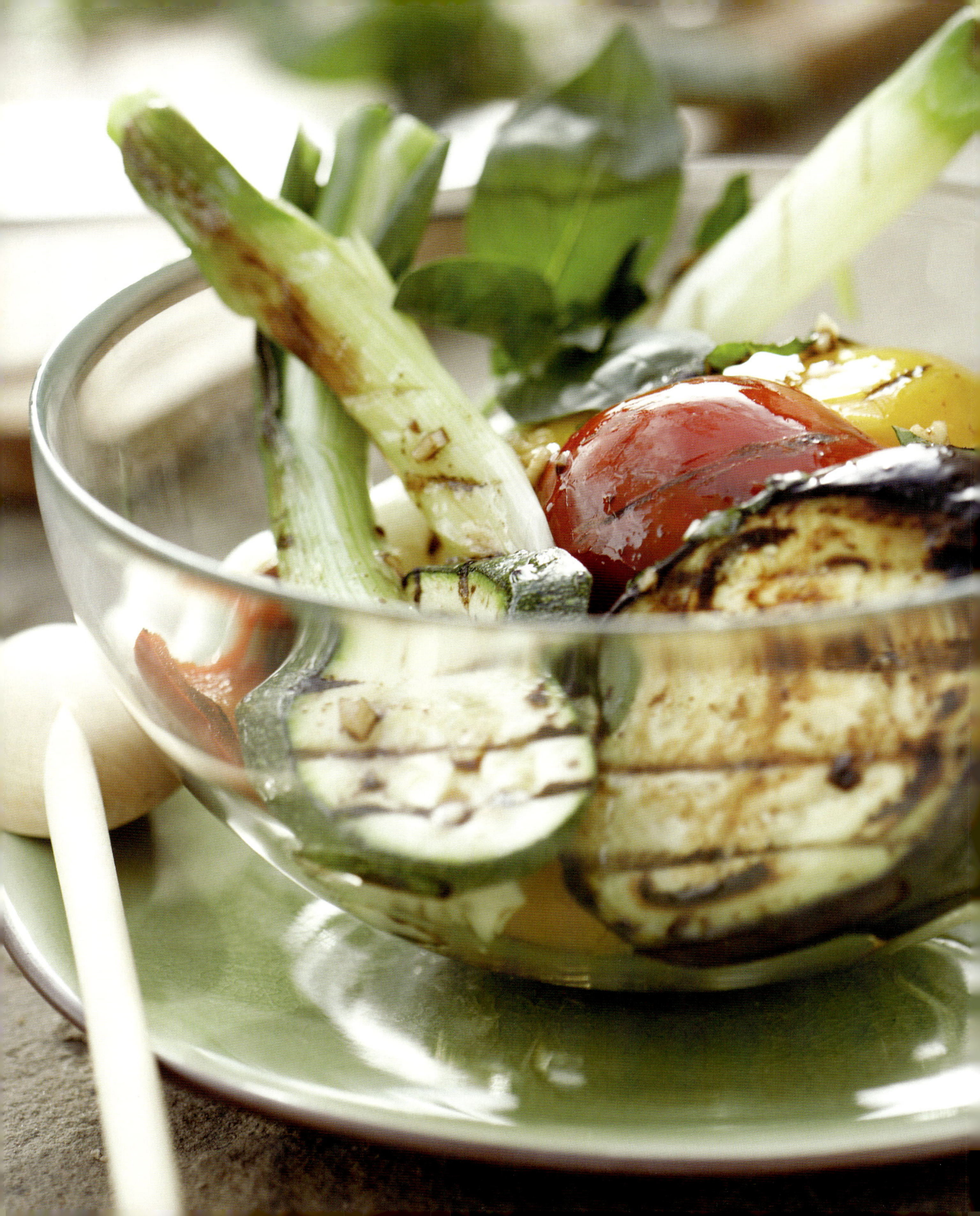

GEGRILLTER GEMÜSESALAT (Für 6 Personen)

3 Zucchini
3 kleine Auberginen
1 gelbe Paprikaschote
1 rote Paprikaschote
4 Jungzwiebeln, in Ringe geschnitten
4 Knoblauchzehen, zerstoßen
Balsamicoessig
Olivenöl
frisches Basilikum, geschnitten
Salz, Pfeffer aus der Mühle

1 Grilltasse

Auberginen in ca. 1 cm dicke Scheiben schneiden, einsalzen und 10 Minuten auswässern lassen. Anschließend waschen und trocken tupfen. Ebenso die Zucchini in Scheiben schneiden. Die Paprikaschoten entkernen und in mundgerechte Stücke teilen.
Das Gemüse in einer Mischung aus Knoblauch, Öl, Essig, Salz und Pfeffer ca. 20 Minuten marinieren.
Den Grill anheizen (das Gemüse kann natürlich auch in einer Pfanne gedünstet werden).
Das Gemüse aus der Marinade heben und über der heißen Glut in einer Grilltasse goldbraun grillen. Anschließend wieder in die Marinade legen. Mit Salz, Pfeffer und Basilikum würzen. Warm servieren.

Zeit: 20 Minuten

Wein: Morillon, Steiermark

Tipp: Dies ist ein herrlicher Sommersalat, der zu allen Speisen passt. Um zeitlich nicht in die Enge zu geraten, können Sie das Gemüse auch schon ein paar Stunden vorher marinieren, es sollte jedoch erst im letzten Moment auf den Grill.

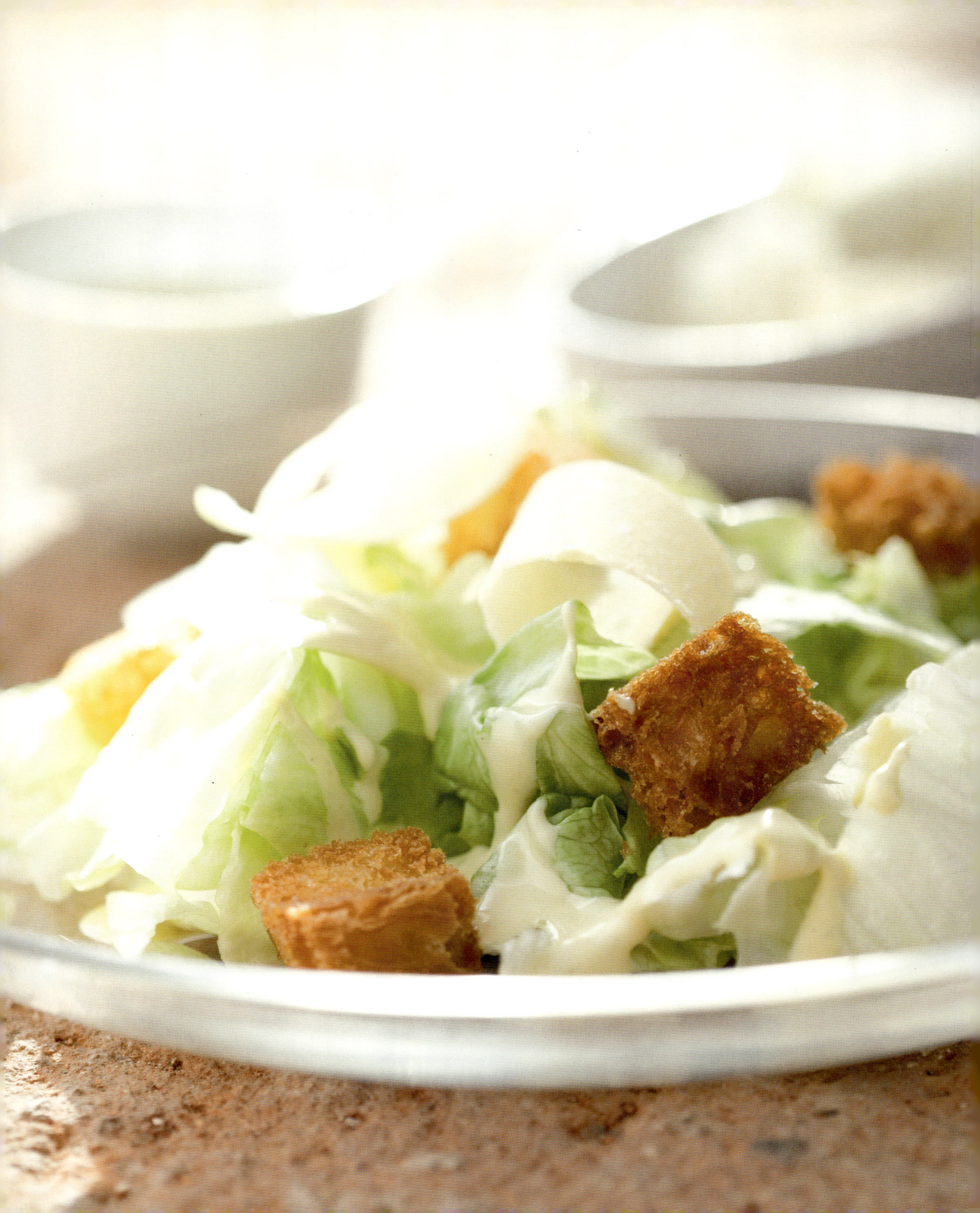

CAESAR'S SALAD (Für 6 Personen)

1 Eisbergsalat
2 Scheiben Brot, schwarz oder weiß
2 EL Parmesan, gehobelt

Dressing
2 Knoblauchzehen
150 ml Olivenöl
2 Anchovisfilets
2 EL Zitronensaft
1 TL Dijonsenf
1 Ei
Pfeffer aus der Mühle
2 EL Parmesan, gerieben

Für das Dressing Knoblauch mit Olivenöl am besten in einem Mörser fest zerstampfen, 10 Minuten rasten lassen. Anchovisfilets, Zitronensaft, Dijonsenf, Pfeffer, Ei und geriebenen Parmesan in der Küchenmaschine fest zu einem Dressing schlagen und bei laufendem Motor nach und nach 5 EL (!) von dem Knoblauch-Olivenöl dazugießen. Die Konsistenz des Dressings sollte etwas dicklich sein, ähnlich einer Mayonnaise. (Achtung: Die Anchovisfilets sind so salzig, dass man kein zusätzliches Salz mehr benötigt!) Kühl aufbewahren.
Die Brotscheiben in Würfeln schneiden. Das restliche Knoblauchöl in einer Pfanne erhitzen, die Brotwürfel darin anbräunen und auf Küchenpapier abtropfen lassen. Den Salat in mundgerechte Stücke schneiden oder reißen, waschen, mit dem Dressing vermischen. Mit den gerösteten Croûtons und dem gehobelten Parmesan bestreuen.

Zeit: 20 Minuten

Wein: Malvasia, Istrien

Tipp: Das Dressing und die Croûtons kann man schon am Vortag zubereiten.

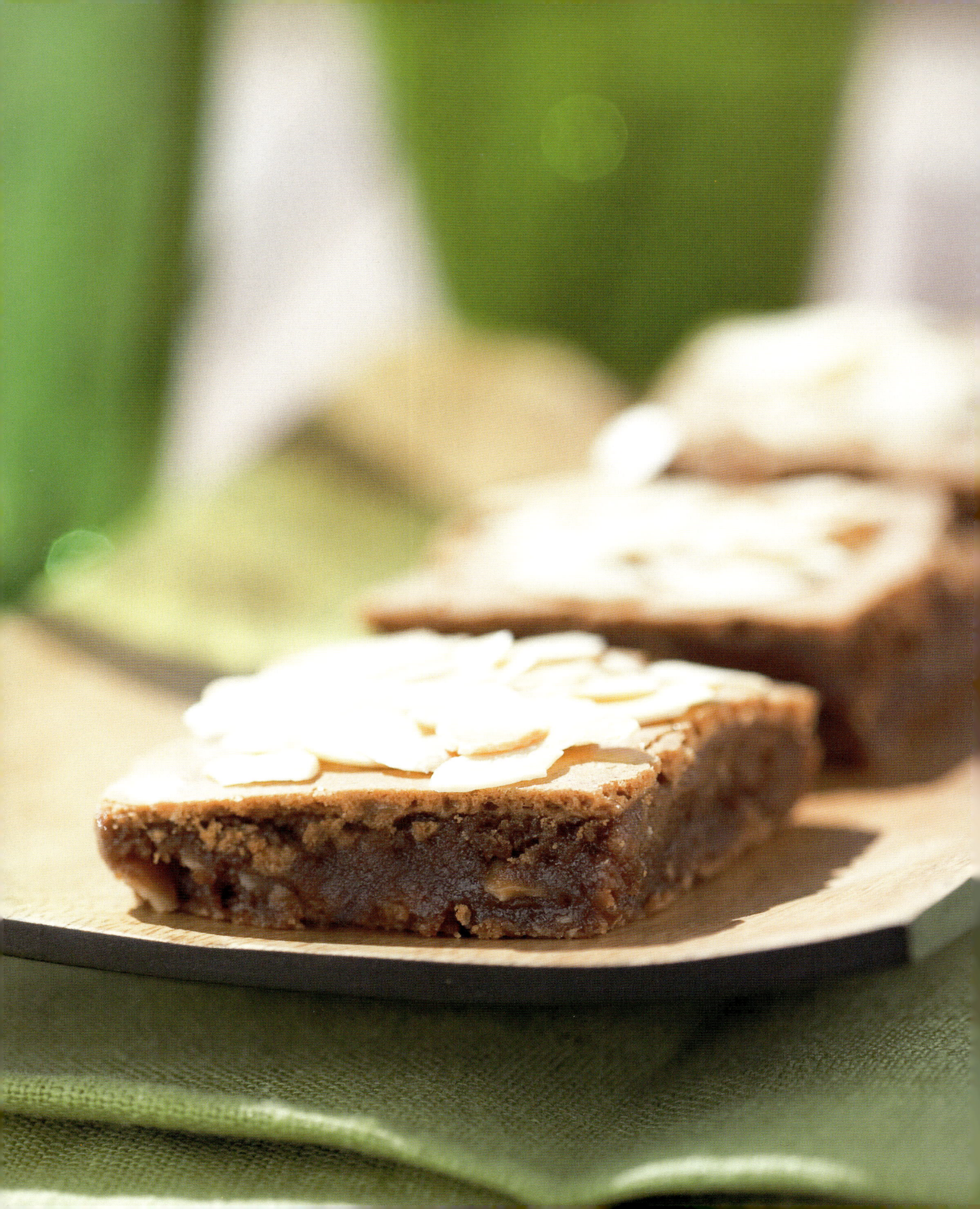

BROWNIES (Für etwa 6 Personen)

60 g Mandeln, gehobelt
100 g Mehl
1 TL Backpulver
60 g Bitterschokolade
110 g Butter
250 g Zucker
1 Packung Vanillezucker
2 Eier
100 g Schokoladeblättchen oder stücke
1 Prise Salz

Das Backrohr auf 190 °C vorheizen.
Die gehobelten Mandeln auf einem mit Backpapier ausgelegten Blech im Backrohr goldbraun rösten – ca. 7 Minuten. (Achtung, die Mandeln werden sehr schnell schwarz!)
Mehl, Backpulver und Salz in eine Schüssel sieben. In einem Topf Schokolade mit der Butter erweichen und cremig verrühren. Von der Flamme nehmen, Zucker und Vanillezucker einrühren. Die Eier rasch einmengen. Zum Schluss die Mehlmischung sowie die Schokoladeblättchen und Mandeln unterheben.
Eine viereckige Backform (16 x 20 cm) oder ein halbes Backblech mit Backpapier auslegen. Die Masse in die Form füllen, eventuell noch restliche Mandeln darüber streuen.
Ca. 20–25 Minuten bei 190 °C backen, bis sich der Teig von den Seiten löst.

Zeit: 30 Minuten

Wein: Vin Santo, Toskana

Tipp: Brownies lassen sich gut 3 Tage in einem luftdichtverschließbaren Behältnis aufbewahren oder 2 Wochen einfrieren. Eine köstliche Variante: Servieren Sie die Brownies noch warm mit Vanilleeis.

APPETIZERS
Der erste Eindruck zählt

Bei der Vorspeise kann ein Koch zum Chef werden: Er haut seine ganze Kreativität in die Pfanne und kann die Gunst seiner Gäste im Nu an sich reißen – und mit gutem Gewissen beim Hauptgang sogar patzen. Denn: Die neuen abwechslungsreichen und kreativen Appetizers peppen nicht nur jedes erprobte Dinner auf, sondern sie bleiben auch dank ihres kulinarisch einzigartigen Überraschungseffekts am Gaumen kleben. Oder überraschen wir unsere Gäste und servieren ihnen doch einmal anstatt einer traditionellen Speisenfolge gleich vier verschiedene Vorspeisen hintereinander und lassen die Appetizers die Stars des Abends werden!

Dekotipp
Die Farbenpracht der Blumen, seien sie auch noch so klein, schmücken jeden Tisch und verzaubern seine Gesellschaft.

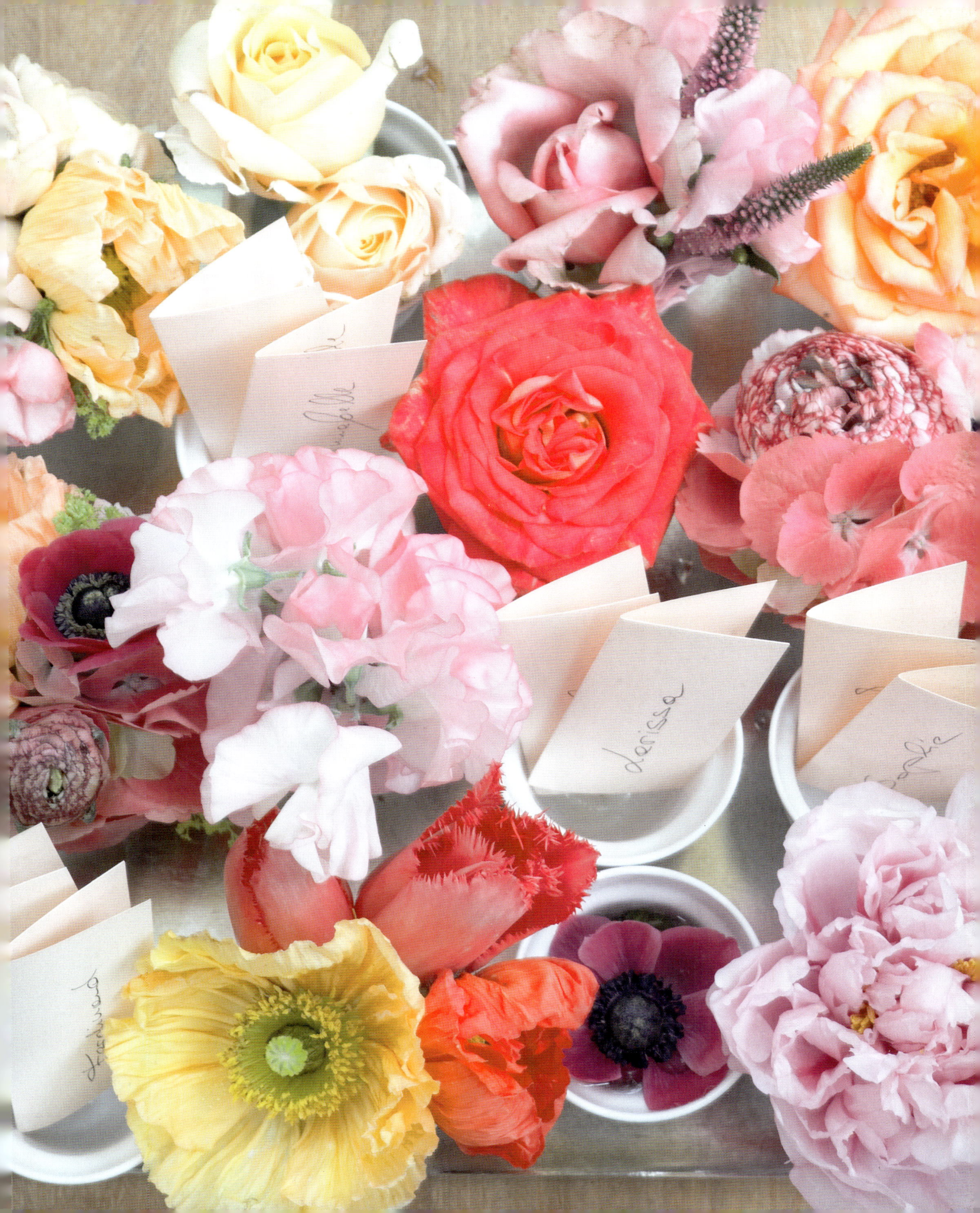

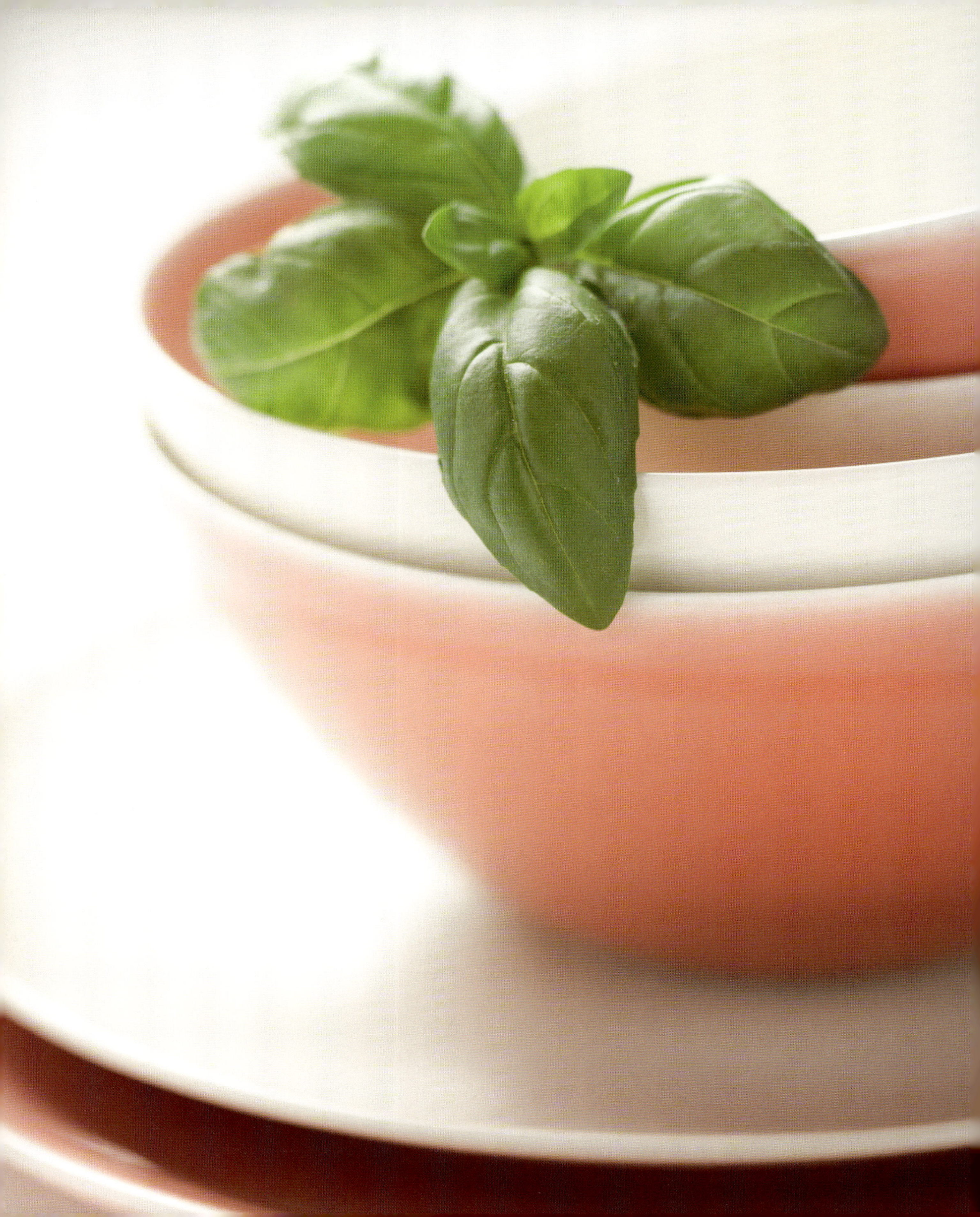

APPETIZERS

Der erste Eindruck zählt

MENÜ

Marille mit Prosecco
Mozzarella Prosciutto auf Rosmarinzweigen

Vorspeisen
Lachs-Mousse
Orangen-Avocado-Salat
Fenchel-Lauch-Suppe
Quiche Annabelle
Käsesoufflé
Cheviche

Etwas Süßes zum Schluss
Brandy-Snaps mit Himbeereis

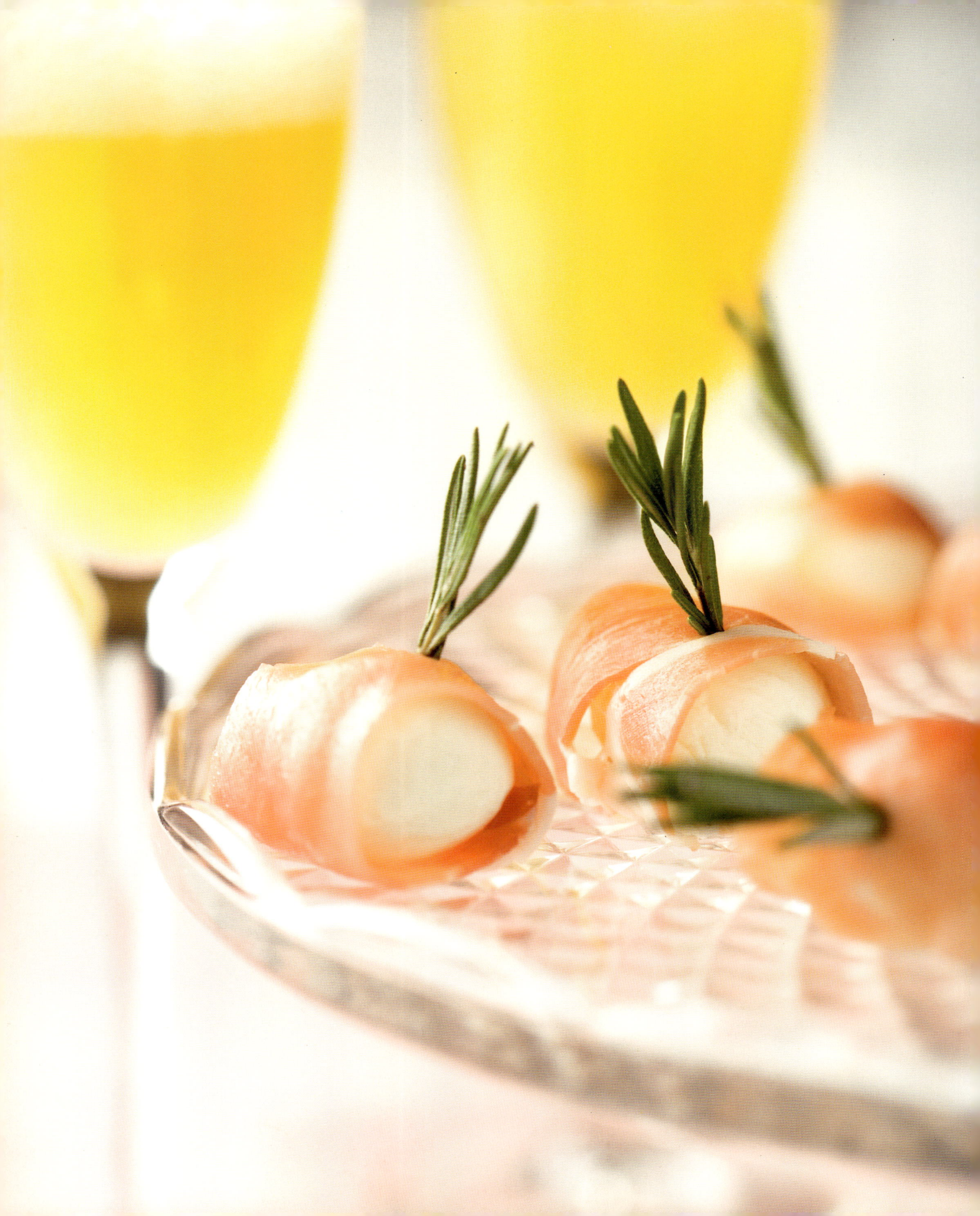

MARILLE MIT PROSECCO (Für 6 Personen)

100 ml Marillensirup
1 Flasche Prosecco

Pro Portion 3 Teelöffeln Marillensirup in ein Champagner-Glas geben, mit eisgekühltem Prosecco (oder Sekt) aufgießen. Achtung: Durch den Sirup schäumt der Prosecco noch mehr!

MOZZARELLA-PROSCIUTTO AUF ROSMARINZWEIGEN (Für 6 Personen)

18 Mozzarella-Bällchen
5 Scheiben Prosciutto crudo (Rohschinken)
1 großer Rosmarinzweig, in 18 Stücke geteilt

Die Prosciuttoscheiben in 18 Streifen schneiden, um die Mozzarella-Bällchen wickeln und auf je einen Rosmarinzweig spießen. Mit Frischhaltefolie bedecken und kühl stellen.

Zeit: 10 Minuten

Tipp: Diesen Appetizer kann man 3–4 Stunden vor dem Servieren vorbereiten, so kommt auch der Geschmack des Rosmarins mehr zur Geltung. Für den Drink können Sie den Prosecco nach Lust und Laune mit einem anderen Sirup kombinieren.

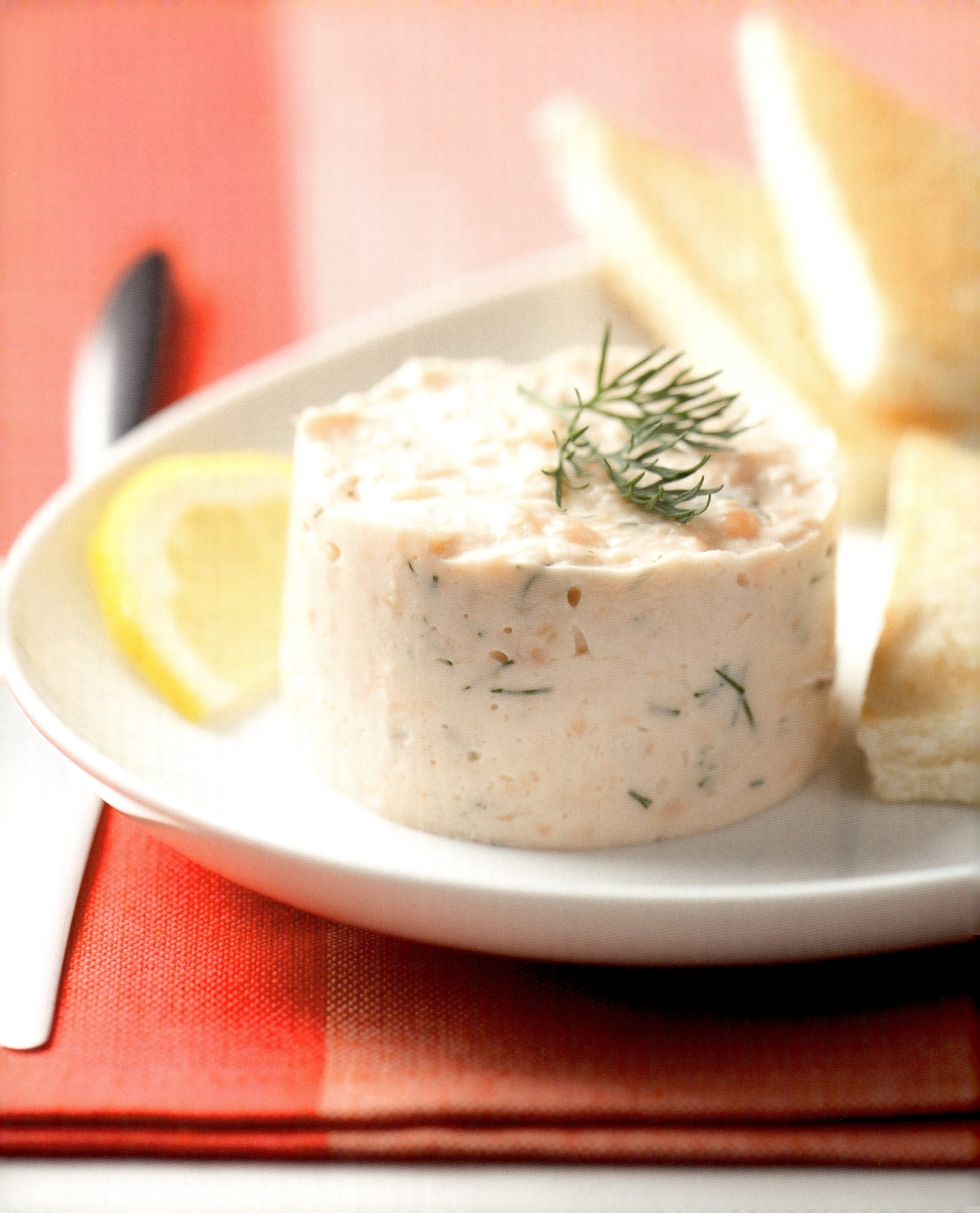

LACHS-MOUSSE (Für 6 Personen)

3 Blatt Gelatine

2 EL Wasser

200 g Sauerrahm

180 g frische Lachsfilets, Haut und Gräten entfernt

2 TL Kren, frisch gerieben oder fertig aus dem Glas

1 EL frische Dille, fein gehackt

Salz und Pfeffer aus der Mühle

frische Dille zum Dekorieren

Toastbrot, getoastet und in Dreiecke geschnitten

Alufolie

Backrohr auf 180 °C vorheizen.

Die Lachsfilets in Alufolie wickeln und für ca. 10–15 Minuten im Rohr braten, bis der Fisch ganz durch, aber nicht trocken ist. Lachsfilets aus der Folie nehmen, mit einer Gabel zerkleinern und erkalten lassen. Die Gelatineblätter in kaltem Wasser einweichen.

Den Lachs, den Großteil des Sauerrahms, Dille, Kren, Salz und Pfeffer in einer Schüssel vermengen.

2 Esslöffel Wasser in einen Topf geben, erwärmen und die Gelatine darin aufweichen. Den Rest des Sauerrahms hinzufügen und fest mit einem Schneebesen schlagen, damit keine Klumpen entstehen. Nun langsam in die Lachsmischung einrühren. Nochmals mit Salz und Pfeffer abschmecken. In einer Schüssel im Kühlschrank erkalten lassen, bis die Mousse fest ist (ca. 1–2 Stunden).

Die Mousse mit Dille dekorieren und mit Toastbrot servieren.

Zeit: 40 Minuten

Wein: Prosecco oder Weissburgunder, Steiermark

Tipp: Die Mousse können Sie problemlos 1 bis 2 Tage im Kühlschrank aufbewahren. Als Alternative zum Toastbrot eignen sich fertige Blinis aus dem Fachhandel.

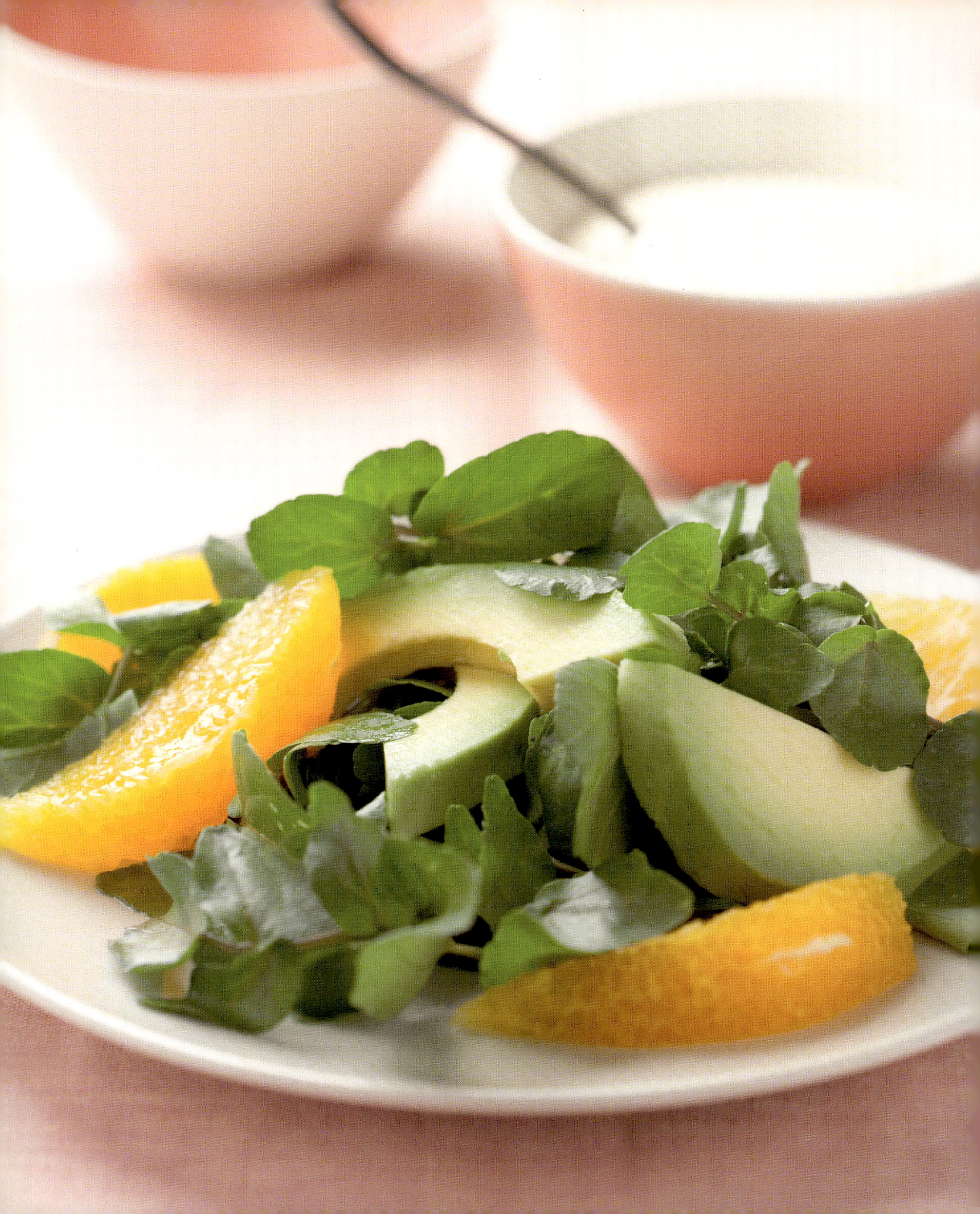

APPETIZERS

ORANGEN-AVOCADO-SALAT (Für 6 Personen)

2 EL Zitronensaft

4 TL Wasser

1 ½ EL weiße Miso-Paste (Paste aus Sojabohnen)

Salz und Pfeffer aus der Mühle

80 ml Olivenöl

2 Avocados, würfelig geschnitten

2 Orangen, in Segmente geschnitten

2 Bund Wasserkresse

Für das Dressing Zitronensaft, Wasser, Misopaste, Salz (sehr wenig, da Miso schon sehr viel Salz enthält) und Pfeffer in einem Mixer fest pürieren. Bei laufendem Motor das Olivenöl langsam dazuträufeln und nochmals mit Salz und Pfeffer abschmecken.

Zuerst die Kresse mit einem Teil des Dressings vermengen und in der Mitte einer Platte anrichten. Nun die Avocadostücke und die Orangensegmente um die Kresse gruppieren und das restliche Dressing darüber träufeln. Sofort servieren.

Zeit: 20 Minuten

Wein: Prosecco aus dem Veneto oder leichter Weißwein aus Orvieto, Umbrien

Tipp: Statt der Kresse kann man auch Rucola oder gemischte Blattsalate verwenden. Statt der Orange passt auch sehr gut eine in Segmente geschnittene Kakifrucht dazu, die man hierzulande leider nur selten findet.

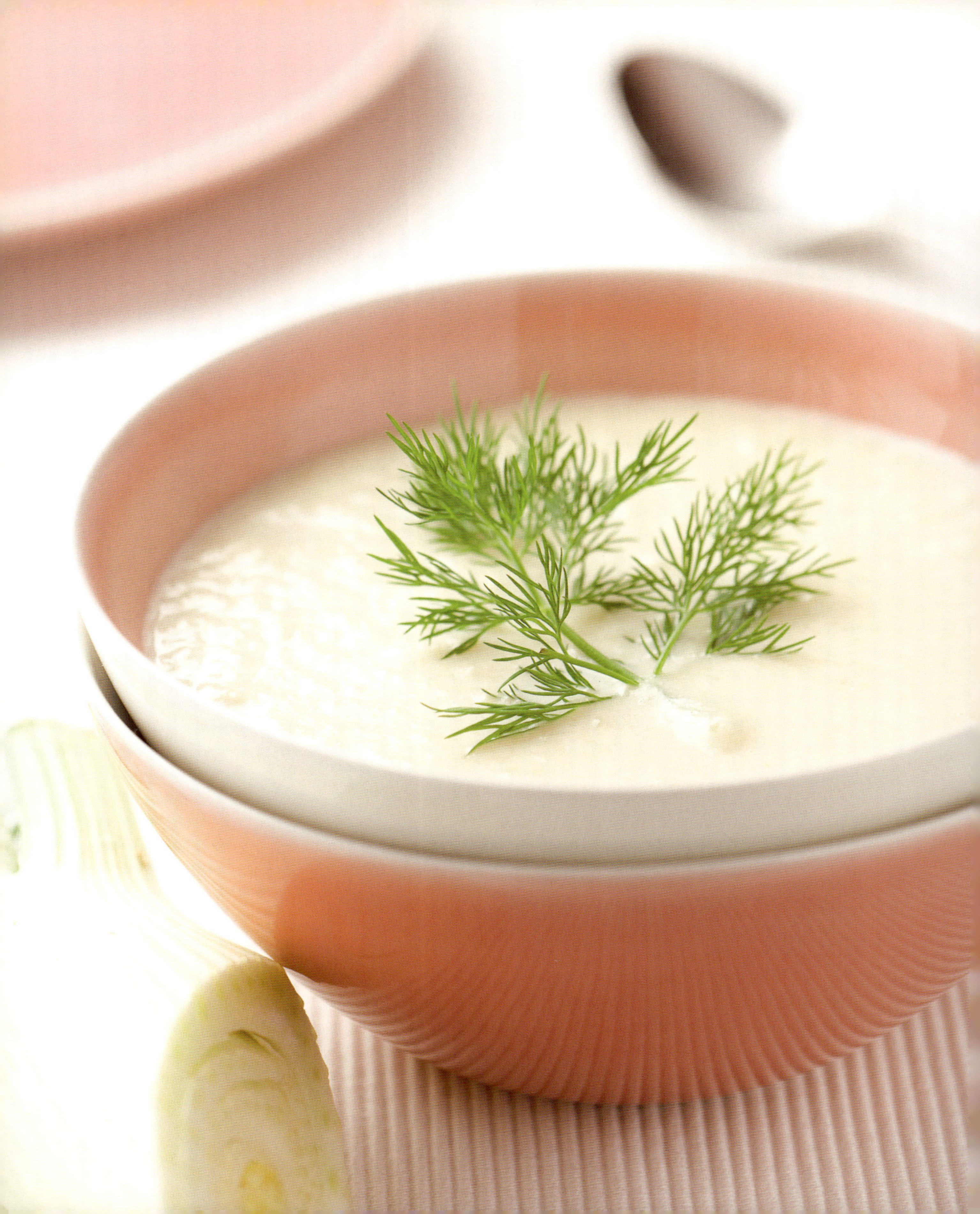

APPETIZERS

FENCHEL-LAUCH-SUPPE (Für 6 Personen)

1 EL Butter

1 Lauch, nur der weiße Teil, klein gehackt

1 große rote Zwiebel, klein gehackt

2 kleine Fenchelknollen, grob gehackt

1 Knoblauchzehe, geschält

60 ml Weißwein

400 ml Hühnersuppe

Salz und Pfeffer aus der Mühle

1 Messerspitze Muskatnuss, gerieben

150 ml Schlagobers

2 TL Sherry

Butter in einem Topf erweichen, Lauch, Zwiebel, Fenchel und Knoblauch dazugeben und ca. 15 Minuten zugedeckt dünsten. Mit Wein ablöschen und so lange köcheln, bis er fast verdampft ist. Suppe, Salz, Pfeffer und Muskatnuss beimengen und weitere 10 Minuten kochen. Den Schlagobers hinzugießen und ein paar Minuten weiterkochen. Nun die Suppe in der Küchenmaschine fest pürieren. Falls sich das Gemüse noch nicht pürieren lässt, die Suppe nochmals aufkochen und dann pürieren. Zurück in den Topf, mit Salz und Pfeffer nochmals abschmecken und zum Schluss 2 Teelöffel Sherry einmengen.

Zeit: 35 Minuten

Wein: Grüner Veltliner, Kamptal

Tipp: Die Suppe kann man auch am Vortag zubereiten und einfach aufwärmen. Nur den Sherry sollte man erst in letzter Minute dazugeben.

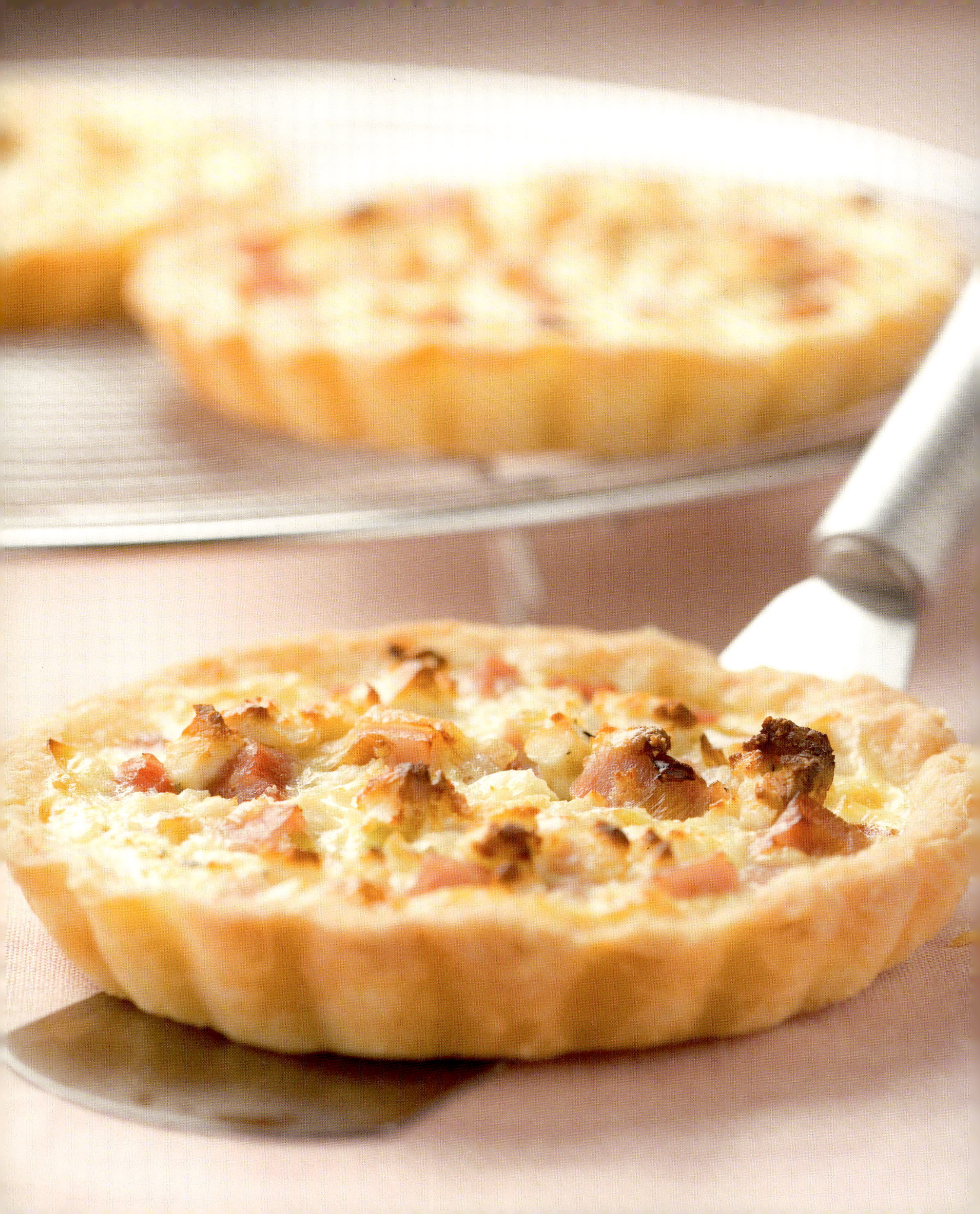

QUICHE ANNABELLE (Für 6 Personen)

Teig

120 g Mehl

80 g Butter

1 TL Schlagobers

Salz

½ Ei

Belag

1 EL Butter

1 Zwiebel, fein geschnitten

1 Lauch, fein geschnitten

100 g Pressschinken, in Würfel geschnitten

2 ½ Eier

150 ml Schlagobers

100 ml Milch

Salz und Pfeffer aus der Mühle

150 g Feta-Käse oder Chevre, zerbröselt

Quiche-Form (Durchmesser ca. 26–29 cm)

Für den Teig alle Zutaten in der Rührmaschine so schnell wie möglich verkneten. Der Teig darf nicht zu feucht sein, daher ist es sinnvoll, nicht die ganze Flüssigkeit auf einmal beizumengen. Den fertigen Teig in eine Frischhaltefolie wickeln und im Kühlschrank 30 Minuten rasten lassen. Währenddessen Zwiebel und Lauch in der Butter ca. 8 Minuten anschwitzen. Anschließend den Schinken hinzufügen und weitere 2 Minuten dünsten.

Das Backrohr auf 220 °C vorheizen.

Eier mit Schlagobers und Milch verrühren und mit Salz und Pfeffer abschmecken.

Den Teig aus dem Kühlschrank nehmen und ausrollen, bis er die Größe der Quiche-Form hat. In die Form einlegen, das ausgekühlte Gemüse mit dem Schinken darauf verteilen, die Eiermischung darüber gießen. Zum Schluss den Feta darüber streuen.

Im vorgeheizten Rohr ca. 25 Minuten backen.

Zeit: 40 Minuten

Wein: Weissburgunder, Steiermark

Tipp: Eine Quiche kann man ohne Probleme vorbereiten, etwa am Tag vor Ihrer Einladung. Man wärmt sie dann vor dem Servieren im Rohr einfach auf. Sie passt zum Brunch, aber auch zu einem leichten Mittag- oder Abendessen. Bezüglich Variationen sind Ihrer Fantasie keine Grenzen gesetzt. Verschiedenste Gemüsesorten wie Spinat, Zwiebeln oder Tomaten harmonieren mit verschiedensten Käsesorten von Ricotta und Gruyère bis zum Emmentaler. Schinken und Speck spielen in der Quiche-Küche auch eine wesentliche Rolle.

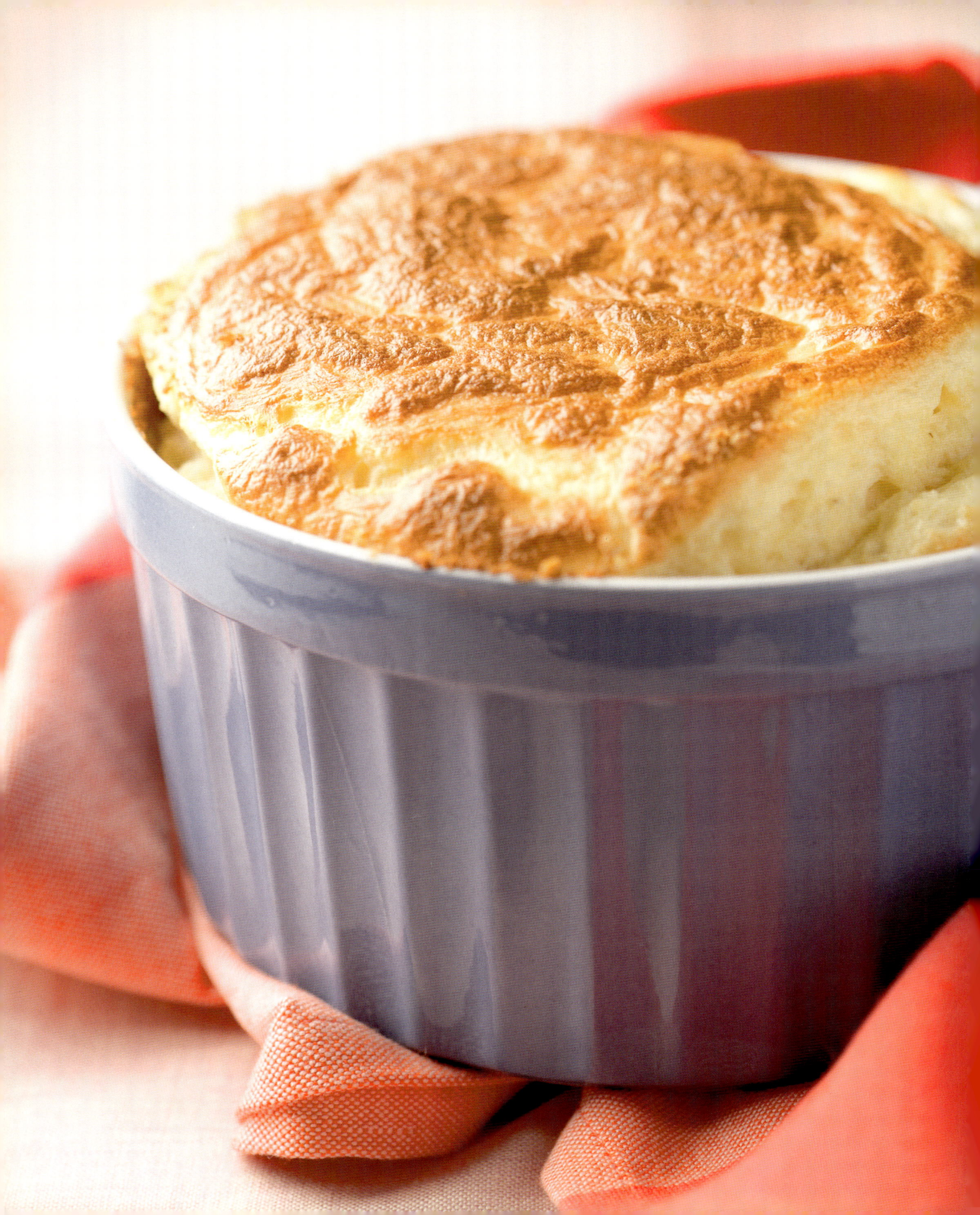

KÄSESOUFFLÉ (Für 6 Personen)

30 g Butter
2 EL Semmelbrösel
25 g Mehl
½ TL Dijonsenf
Cayennepfeffer
220 ml Milch
75 g Gruyère, gerieben
3 Eier
Salz und Pfeffer aus der Mühle

Backrohr auf 200 °C vorheizen.
Eine Soufflé-Form (aus Keramik) mit etwas Butter und Semmelbrösel ausstreichen.
Die restliche Butter in einem Kochtopf erwärmen, Mehl, Senf und Cayennepfeffer einrühren. Bei kleiner Flamme kurz anschwitzen, danach die Milch zugießen. Mit einem Kochlöffel fest verrühren, da die Masse sonst klumpt und dann sehr dick wird. Den Topf von der Flamme nehmen, etwas abkühlen lassen. Nun Eidotter, Käse, Salz und Pfeffer einmengen – die Masse soll stark gewürzt schmecken. Eiweiß schlagen, bis es fest, aber nicht trocken ist. Einen Löffel davon in die Käsemasse verrühren, dann den Rest ganz vorsichtig unterheben. Die Masse bis knapp unter den Rand in die ofenfeste Form füllen und 20–25 Minuten backen. Erst gegen Ende der Garzeit, etwa nach 20 Minuten, das Rohr öffnen, die Schüssel etwas bewegen, um zu sehen, ob das Soufflé außen fest ist und sich innen gerade gesetzt hat. Dann ist es richtig. Sofort servieren!

Zeit: 40 Minuten

Wein: ein leichter Weißwein aus Orvieto, Umbrien

Tipp: Vor dem Backen das Messer einmal um den Rand der Backform führen, damit das Soufflé höher wird und gleichmäßiger aufgeht. Man kann auch 8 kleine individuelle Soufflés machen, dann aber nur 10–15 Minuten backen.
Zu einem Käsesoufflé passen eine Pilzsauce und grüner Salat.

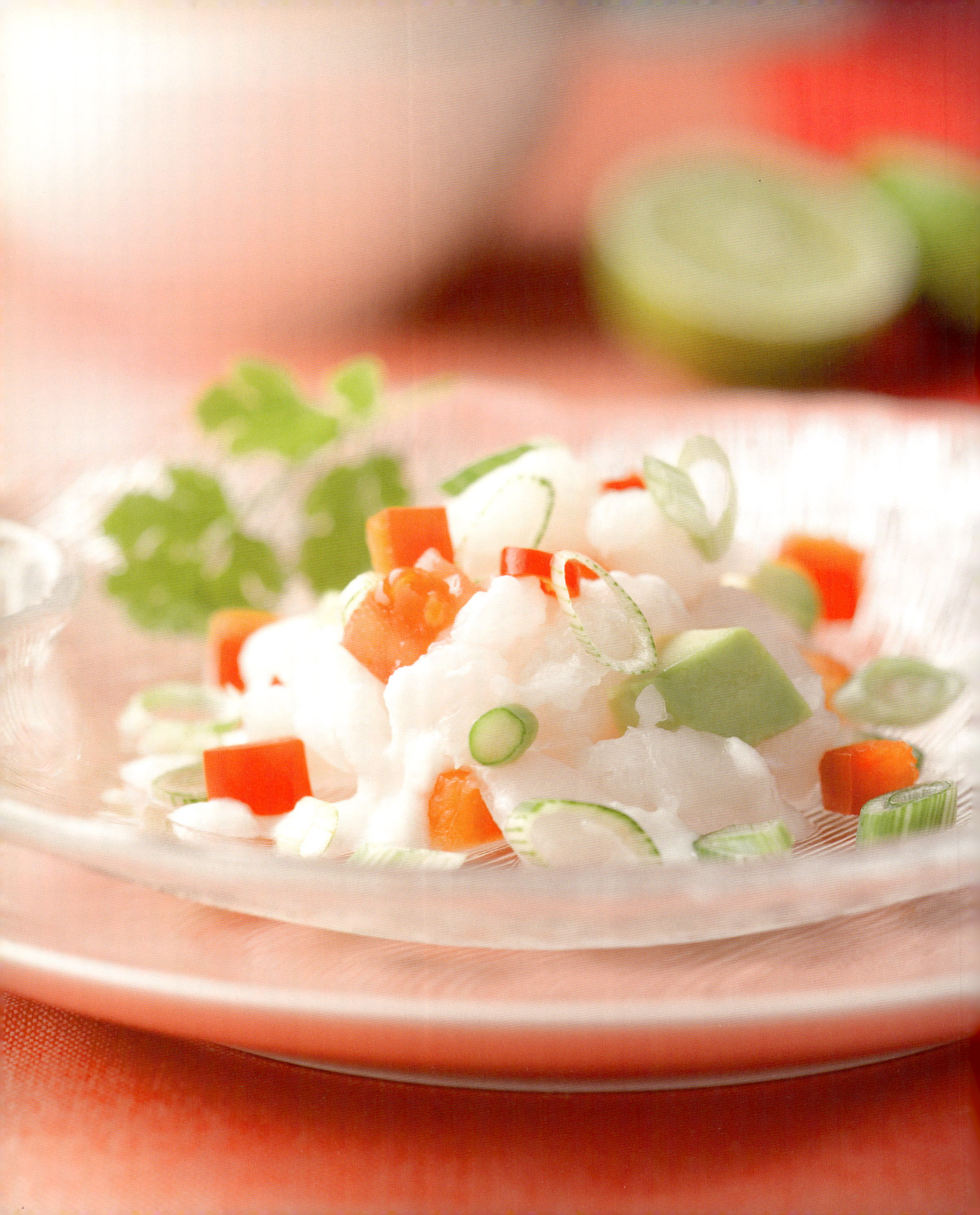

APPETIZERS

CHEVICHE (Für 6 Personen)

500 g weiße Fischfilets ohne Gräten, in mundgerechte Stücke geschnitten

100 ml Limetten- oder Zitronensaft

200 ml Kokosnussmilch

1 TL Zucker

2 Avocados, in Würfel geschnitten

1 rote Paprikaschote, in Würfel geschnitten

2 Tomaten, entkernt und in Würfel geschnitten

1 rote Chilischote, entkernt und fein gehackt (je nach Geschmack mehr oder weniger)

2 Jungzwiebeln, in feine Ringe geschnitten

1 Bund Koriander, grob gehackt

Salz

Den Fisch 2 Stunden im Limettensaft marinieren. Den Limettensaft abseihen und die restlichen Zutaten mit dem Fisch gut vermengen. Zum Schluss mit Salz abschmecken.

Zeit: 20 Minuten

Wein: Weißburgunder, Steiermark

Tipp: Dieser Salat eignet sich glänzend für ein erfrischendes Sommerbuffet. Mit einem Stück Toastbrot serviert, ergibt sich ein leichtes Gericht für heiße Sommertage.
Suchen Sie nach Avocados, die weich, aber noch nicht matschig sind – damit der Salat schon allein das Auge besticht. Man kann den Salat ein paar Stunden vor dem Servieren zubereiten – allein die Avocados sollten erst am Schluss dazu.

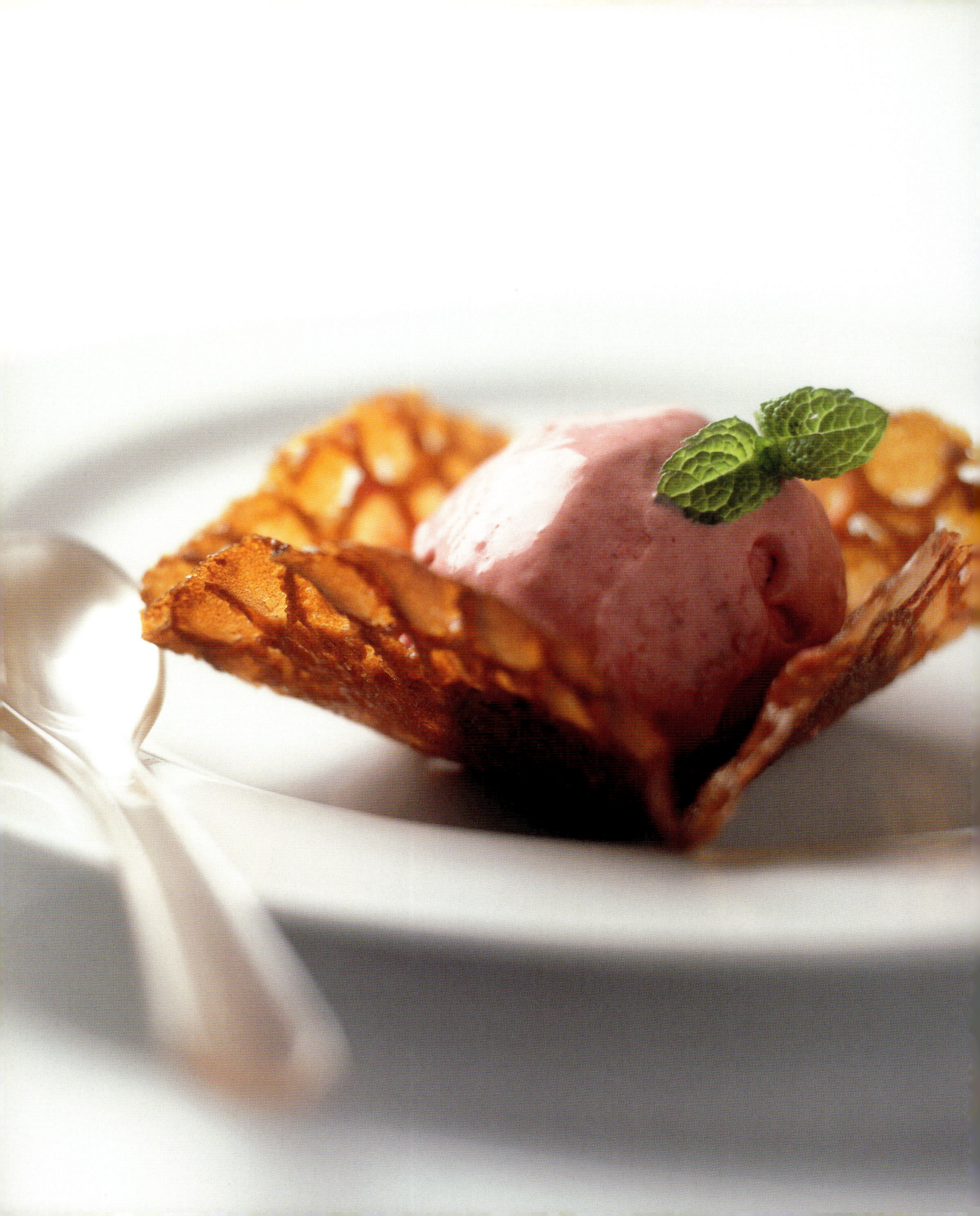

BRANDY-SNAPS (Für 12 Stück)

85 g Zucker

85 g Butter

3 EL Golden Syrup (im englischen Fachhandel erhältlich) oder Honig

85 g Mehl

3 EL Zitronensaft

1 Messerspitze Ingwerpulver

Backrohr auf 190 °C vorheizen.
Ein Backblech mit Backpapier, einen Nudelwalker und Marmeladegläser vorbereiten.
Zucker, Butter und Syrup in einem Topf über kleiner Flamme kochen, bis die Masse gut vermengt ist. Vom Herd nehmen. Mehl hinzufügen und gut mischen, nun auch Zitronensaft und Ingwer beimengen. Die Masse mit einem Esslöffel auf das Blech geben, zwischen den Haufen jedoch großzügigen Abstand lassen, da die Kekse sehr groß werden. Im Rohr ca. 5–7 Minuten goldbraun backen. Die Kekse aus dem Rohr nehmen und kurz stehen lassen, da sie anfangs sehr weich sind. Um die typische Snaps-Form zu erhalten, legt man die Kekse nach ca. 1–2 Minuten mit einer Spachtel über die umgedrehten Marmeladegläser bzw. den Nudelwalker und wartet, bis sie kalt sind. Die Brandy-Snaps mit Eis füllen.

HIMBEEREIS (Für 6 Personen)

400 g gefrorene Himbeeren (nicht aufgetaut)

3 EL Zucker

¼ l Schlagobers

etwas Zitronensaft

Alle Zutaten in den Standmixer geben und fest pürieren. Sofort essen oder in der Tiefkühltruhe aufbewahren.

Zeit: 25 Minuten

Wein: Moscato d'Asti, Piemont

Tipp: Es ist ganz wichtig, dass die Mengen der Zutaten genau stimmen, da die Kekse sonst nicht gelingen. Man kann die Brandy-Snaps auch einen Tag vor der Einladung backen.
Für dieses rasche Eisrezept eignet sich jede Fruchtart, die Sie gerade zu Hause haben: Mangos (aus der Dose), Bananen, Erdbeeren etc. Man muss die Früchte nur vor der Verwendung einfrieren.

CLASSIC DINNER MENU

Tischlein deck Dich für spezielle Anlässe

Die klassische Einladung zum Abendessen liegt mehr im Trend denn je. Wir müssen uns ja nicht gleich in Abendkleid und Smoking werfen. Aber ein wenig eleganter darf es ab und zu schon sein. Die Einladungen ausgesprochen, die ersten Vorbereitungen getroffen, den Tisch schick dekoriert – und fast bereit für einen schönen Abend mit Freunden. Mit gutem Time-Management und der richtigen Menüauswahl können wir uns als Gastgeber an den Tischgesprächen beteiligen und es so richtig genießen, Komplimente für das gelungene Menü entgegenzunehmen. Wir sagen: Traut Euch! Nicht so bescheiden sein – Applaus für die Gastgeber!

Dekotipp
Die lange Tafel schmücken festlich Ritterspornstile! Schlicht, aber schick können auch Callas oder Hagebuttenzweige dekorieren.

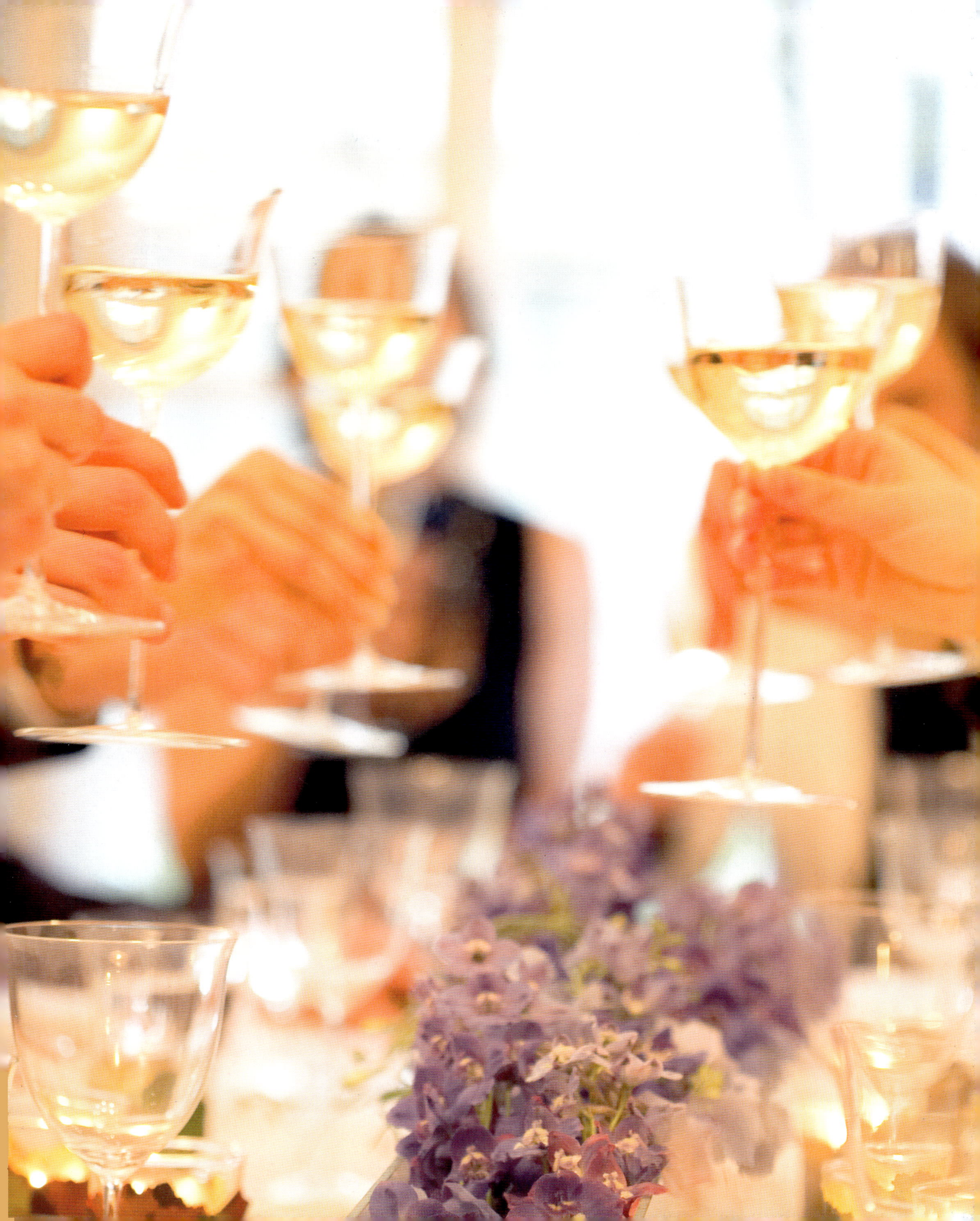

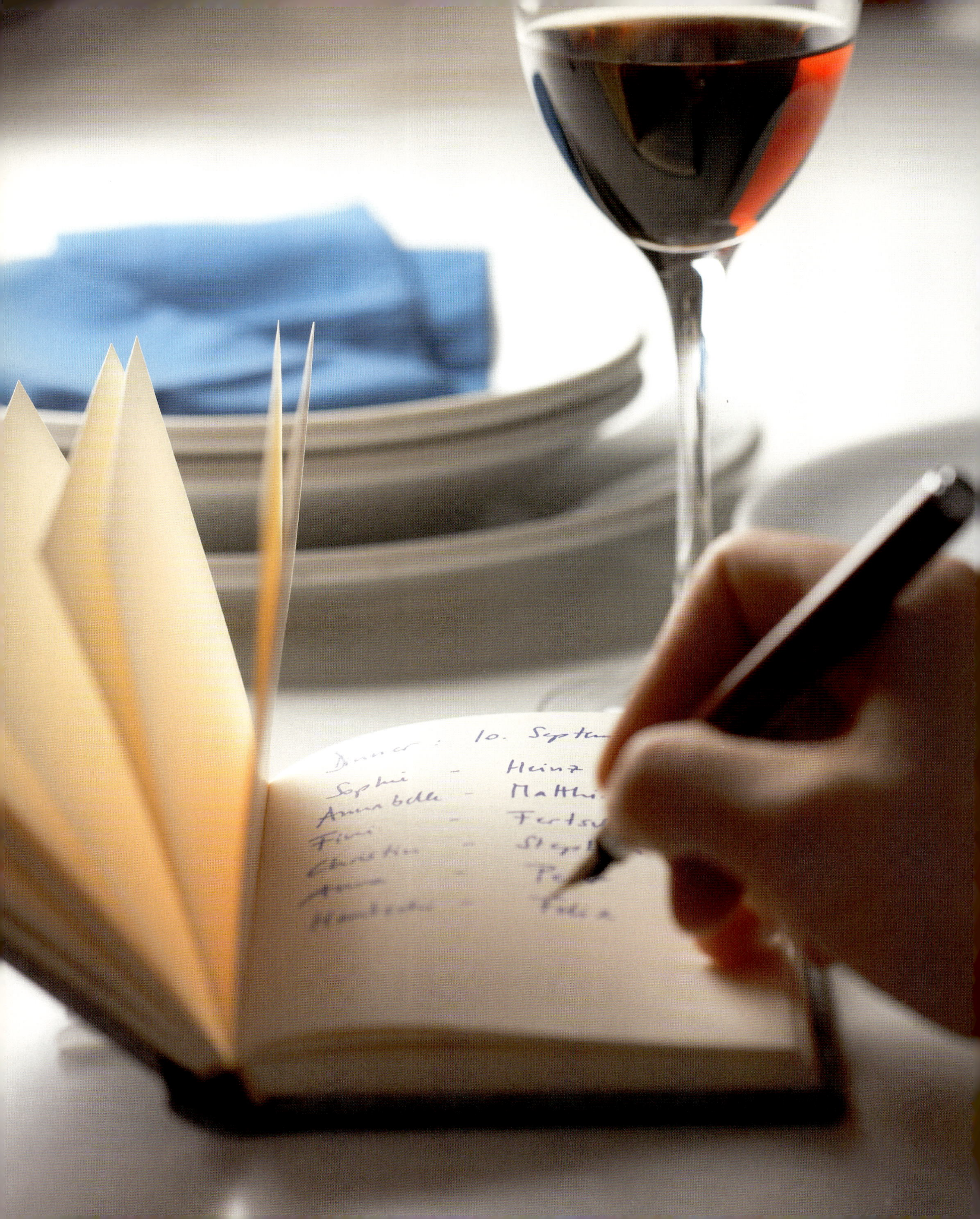

CLASSIC DINNER MENU
Tischlein deck Dich für spezielle Anlässe

MENÜ

Pimms Royal

Bluecheese Dip mit Cruditée

Vorspeisen

Französische Zwiebelsuppe

Schinkenmousse mit Sauce Cumberland

Hauptspeisen

Marinierter Fisch mit Kräuter-Hollandaise

Kartoffeln en Papillon und gedünstete Zucchini

Safranrisotto mit Flusskrebsen

Ossobuco

Dessert

Schokolade Coulant

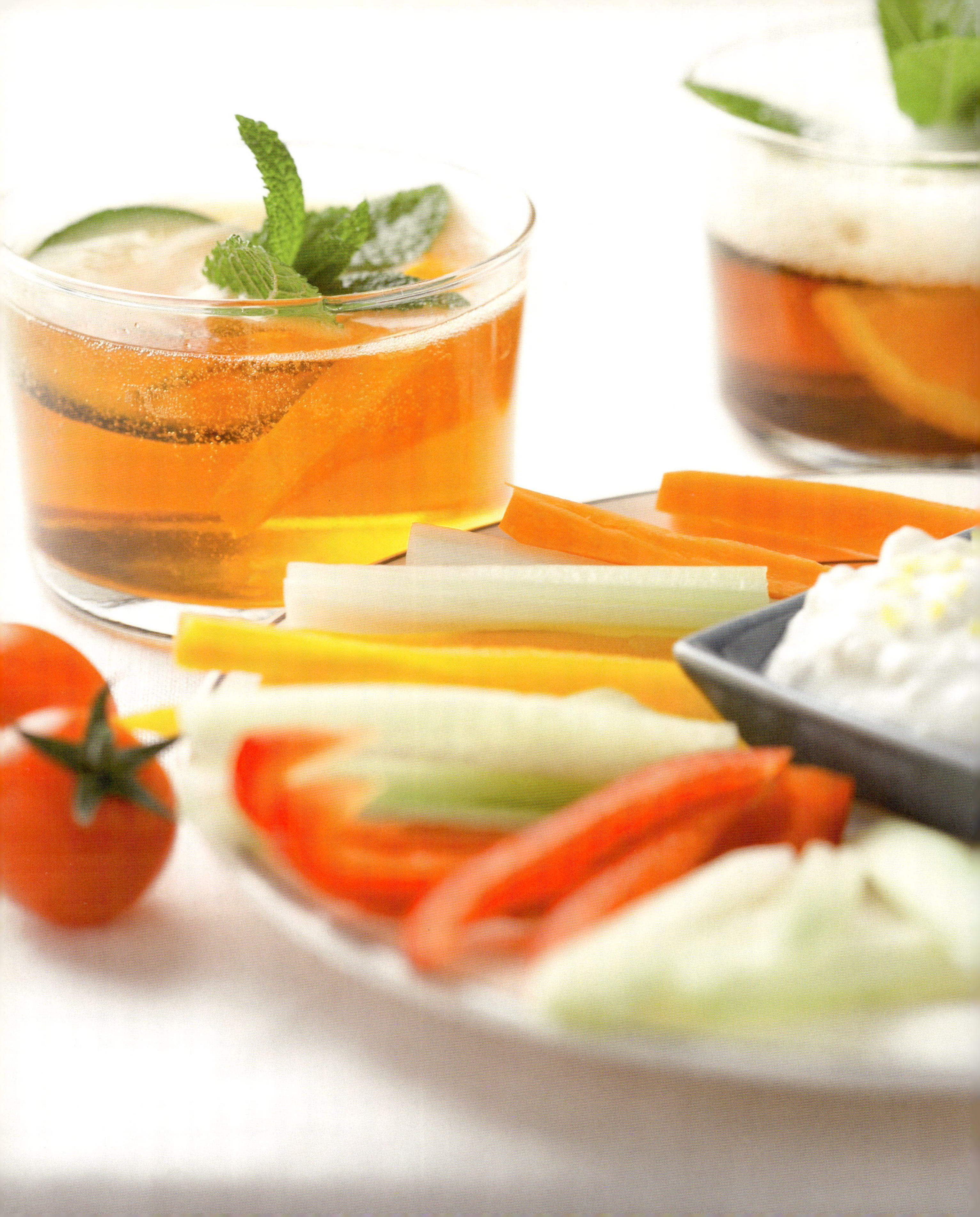

PIMMS ROYAL (Für 1 Drink)

4 cl Pimms
Champagner oder Sekt zum Aufgießen
2 Scheiben Gurke, ungeschält
1 Scheibe Orange
etwas frische Minze
1 Schuss Ginger Ale
Eiswürfel

Ein paar Eiswürfel mit den Gurken- und Orangenscheiben in ein hohes Wasserglas geben, Pimms darüber gießen, mit je einem Schuss Ginger Ale und Champagner aufgießen. Zum Schluss mit etwas Minze dekorieren.

BLUECHEESE DIP MIT CRUDITÉE (Für 6 Personen)

Dip
200 g Gorgonzola, ohne Rinde
125 g Sauerrahm
250 g Streichkäse (Philadelphia)
1 TL Zitronenschale, gerieben
1 EL Zitronensaft
Salz und Pfeffer aus der Mühle

Crudité
3 Karotten
1 Gurke
1 Stangensellerie
3 Paprikaschoten (grün, gelb und rot)
1 Bund Radieschen
12 Cocktailtomaten

Alle Zutaten für den Dip gut vermengen, mit Salz und Pfeffer abschmecken und kalt stellen. Karotten schälen, längs vierteln. Die Gurke halbieren, mit einem Löffel die Kerne herausschaben und in Stifte schneiden. Die Selleriestangen je einmal längs und quer halbieren. Paprikaschoten entkernen, in Streifen schneiden. Wenn möglich sollten die Gemüsestangen ungefähr gleich lang sein (etwa 8 cm). Die Radieschen vom Grünzeug lösen und wie die kleinen Tomaten ganz lassen. Die Crudité bunt gemischt auf einer Platte anrichten, mit dem Dip servieren.

Zeit: 20 Minuten

Tipp: Das Gemüse können Sie ein paar Stunden vor Ihrer Dinner-Party schneiden: Mit einem feuchten Tuch bedeckt, bleibt es frisch und knackig. Kühl gestellt kann der Dip bereits am Vortag zubereitet werden. Variieren Sie die Gemüsesorten je nach Saison und Geschmack!

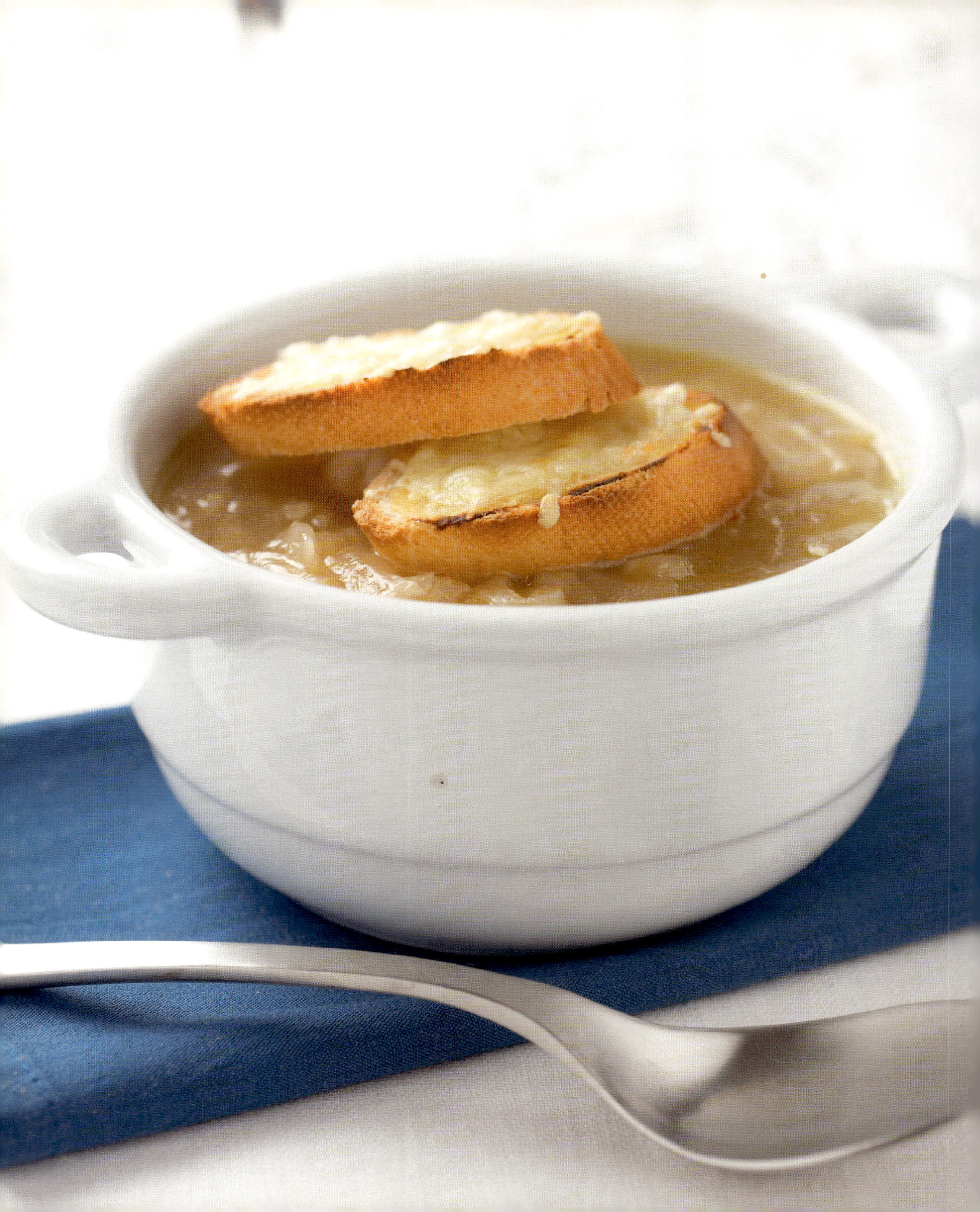

FRANZÖSISCHE ZWIEBELSUPPE (Für 6 Personen)

50 g Butter

400 g große weiße Zwiebeln, in feine Ringe geschnitten

1 kleine Knoblauchzehe, zerstoßen

1 TL Mehl

1/8 l Weißwein

1,5 l Rindsuppe

Salz und Pfeffer aus der Mühle

55 g Gruyère (oder Emmentaler), gerieben

1 TL Dijonsenf

6 Scheiben Baguette

Das Backrohr auf 200 °C vorheizen.
Butter in einem Topf erhitzen und die Zwiebelringe mit dem Knoblauch ca. 20–30 Minuten leicht anbräunen lassen. Das Mehl hinzufügen, etwas mitdünsten und nun mit Weißwein ablöschen. Suppe zugießen. Mit Salz und Pfeffer würzen und ca. 10 Minuten kochen lassen.
Baguettescheiben mit Dijonsenf bestreichen und mit dem Käse bestreuen. Auf ein mit Backpapier ausgelegtes Blech setzen und im vorgeheizten Backrohr ca. 5 Minuten goldgelb backen.
Die Suppe in Tassen gießen und das Käse-Baguette darauf setzen. Sofort servieren.

Zeit: 40 Minuten

Tipp: Die Suppe hält sich problemlos einen Tag im Kühlschrank – so können Sie sich am Tag der Einladung noch anderen Vorbereitungen widmen. Hingegen sollte das Käse-Baguette kurz vor dem Servieren zubereitet werden.

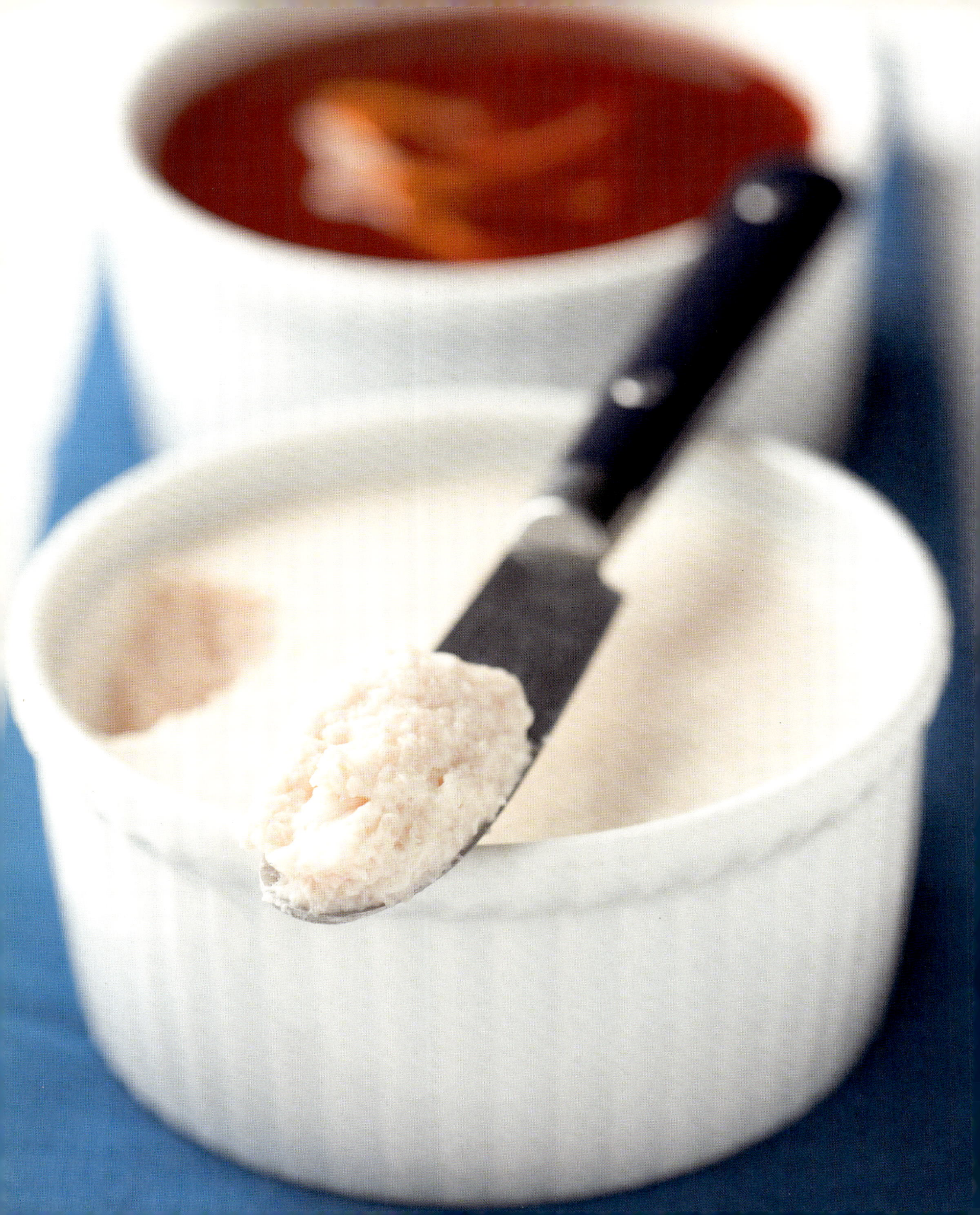

SCHINKENMOUSSE MIT SAUCE CUMBERLAND (Für 6 Personen)

Mousse

250 ml Rindsuppe

4 Blatt Gelatine

400 g Kochschinken, klein gehackt

250 ml Schlagobers

Sauce Cumberland

Saft von 2 Orangen

Schale von 1 Orange, in feine Streifen geschnitten

1 Zitrone, Saft und Schale (in feine Streifen geschnitten)

225 g Ribisel- oder Himbeergelee

1 Schalotte, fein gehackt

150 ml Rotwein oder Portwein

½ TL Dijonsenf

etwas Cayennepfeffer

etwas Ingwer, gerieben

Für die Mousse Gelatineblätter in der warmen (nicht zu heißen!) Suppe auflösen. Den Schinken im Standmixer mit der Suppenmischung fest pürieren, bis eine homogene Masse entsteht. Die Masse in eine Schüssel füllen und vorsichtig mit dem Schlagobers verrühren. Die Mousse auf 6 kleine Schüsseln verteilen und ca. 2 Stunden kalt stellen. Für die Sauce Cumberland alle Zutaten in einen Kochtopf geben und 10 Minuten kochen, durch ein Sieb gießen und auskühlen lassen.

Die Mousse vor dem Servieren auf Teller stürzen, oder aber in den Schüsseln mit Sauce Cumberland servieren.

Zeit: 15 Minuten

Wein: Grüner Veltliner, Weinviertel

Tipp: Wenn man die Gelatine in eine zu heiße Flüssigkeit gibt, verliert sie ihre Wirkung. Die Mousse hält 2–3 Tage im Kühlschrank, die Sauce Cumberland ca. 1 Woche.

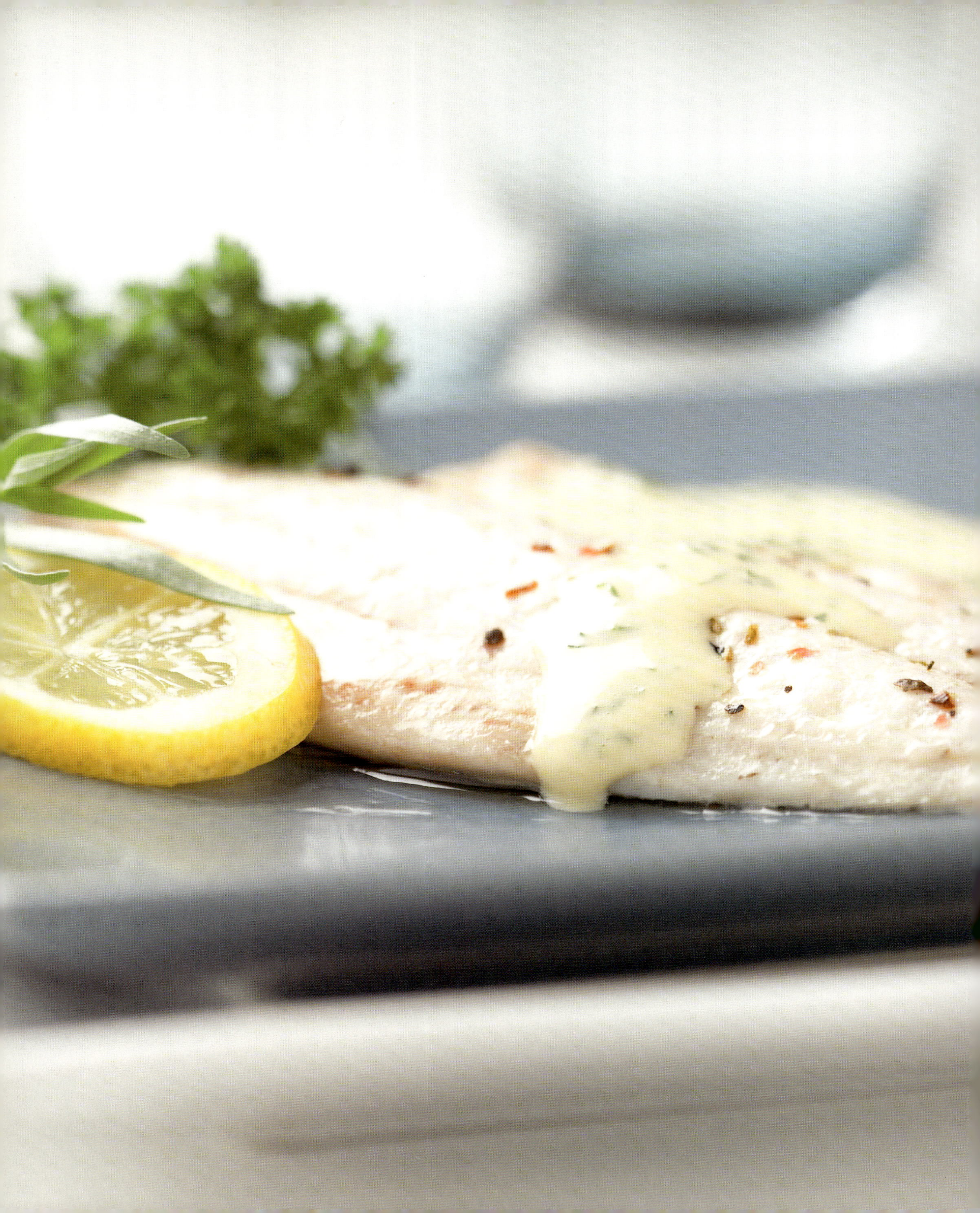

MARINIERTER FISCH MIT KRÄUTER-HOLLANDAISE (Für 6 Personen)

1,2 kg Saiblingsfilet, ohne Haut
Salz und Pfeffer aus der Mühle
Alufolie

Marinade
Olivenöl
Schale von einer Zitrone, in feine Streifen geschnitten
Pfeffer aus der Mühle

Kräuter-Hollandaise
4 Dotter
2 TL Dijonsenf
3 EL frische Kräuter (wie Petersilie, Basilikum, Thymian), fein gehackt
3 EL Zitronensaft
220 g Butter, geschmolzen
Salz

Backrohr auf 180 °C vorheizen.
Die Zutaten für die Marinade vermengen und den Fisch 1–2 Stunden darin marinieren.
Alufolie für ein Backblech zuschneiden, den marinierten Fisch darauf legen und mit Salz und Pfeffer würzen. 10–15 Minuten im Rohr braten.
Dotter, Senf, Zitronensaft in die Küchenmaschine geben, das Gerät einschalten und bei laufendem Motor die flüssige Butter langsam hineingießen. Mit Salz abschmecken.
Die Kräuter kurz vor dem Servieren darunter mischen und sofort mit dem Fisch servieren.

Zeit: 20 Minuten

Wein: Sancerre, Frankreich

Tipp: Natürlich eignen sich auch diverse andere Fischfilets für dieses Gericht, wie Filets von der Forelle oder vom Wels. Den Fisch kann man bereits am Vormittag in die Marinade legen, umso würziger schmeckt er dann.

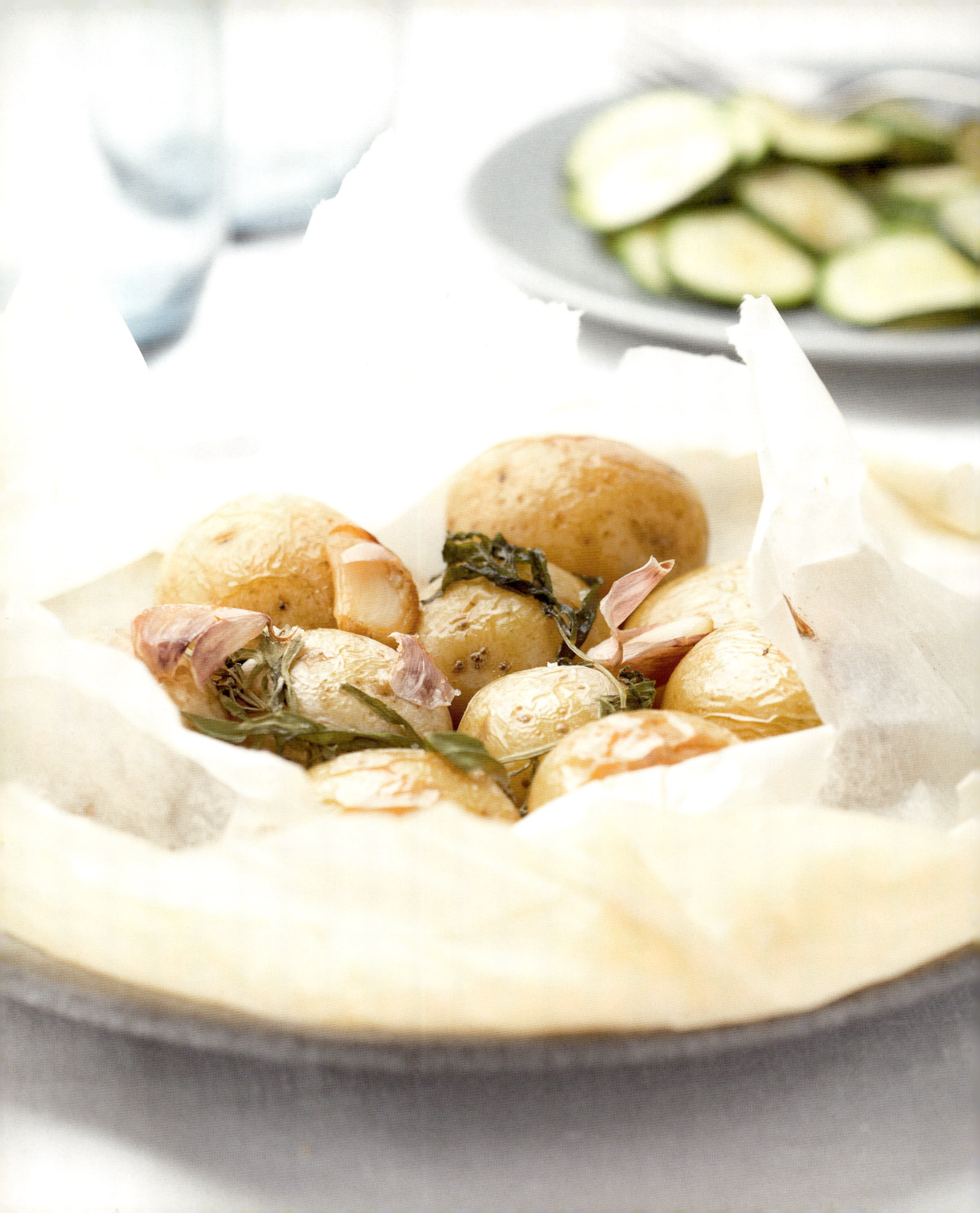

KARTOFFELN EN PAPILLON (Für 6 Personen)

650 g kleine runde Kartoffeln
etwas grobes Meersalz
4 Zweige Estragon
100 g Butter
4 Knoblauchzehen, geschält
Backpapier

Backrohr auf 200 °C vorheizen.
Aus dem Backpapier zwei Kreise ausschneiden: einen mit 25 cm und den anderen mit 26 cm Durchmesser.
Auf das größere Stück die Kartoffeln setzen.
Nun Knoblauch, Estragonzweige und Butter dazulegen und mit etwas Meersalz bestreuen. Mit dem zweiten Stück Backpapier bedecken und gut verschließen, indem man den Rand des unteren Papiers faltet und den Rand des oberen Backpapiers dazwischen schiebt. Es ist leichter, als es klingt!
25–30 Minuten im Rohr backen. Direkt aus dem Backrohr auf den Teller werden die Kartoffeln erst bei Tisch geöffnet.

GEDÜNSTETE ZUCCHINI (Für 6 Personen)

Butter zum Andünsten
6 kleine Zucchini, fein gehobelt
Salz und Pfeffer aus der Mühle

In einer Pfanne die Butter erhitzen und die Zucchinischeiben darin dünsten. Sie lassen anfangs sehr viel Wasser, was aber dann verdampft. Erst zum Schluss mit Salz und Pfeffer abschmecken, rasch servieren.

Zeit: für beide Gerichte 30 Minuten

Tipp: Durch das „Verpacken" in Backpapier bekommen die Kartoffeln einen wunderbar delikaten Geschmack. Wenn man die Kartoffeln nicht zerschneidet, kann man dieses Gericht bereits am Vormittag vorbereiten. So muss man am Abend nur noch daran denken, es ins Rohr zu schieben. Kochen Sie das Gemüse erst im letzten Moment, so schmeckt es am besten. Eine sehr angenehme, leichte Art Zucchini zu essen.

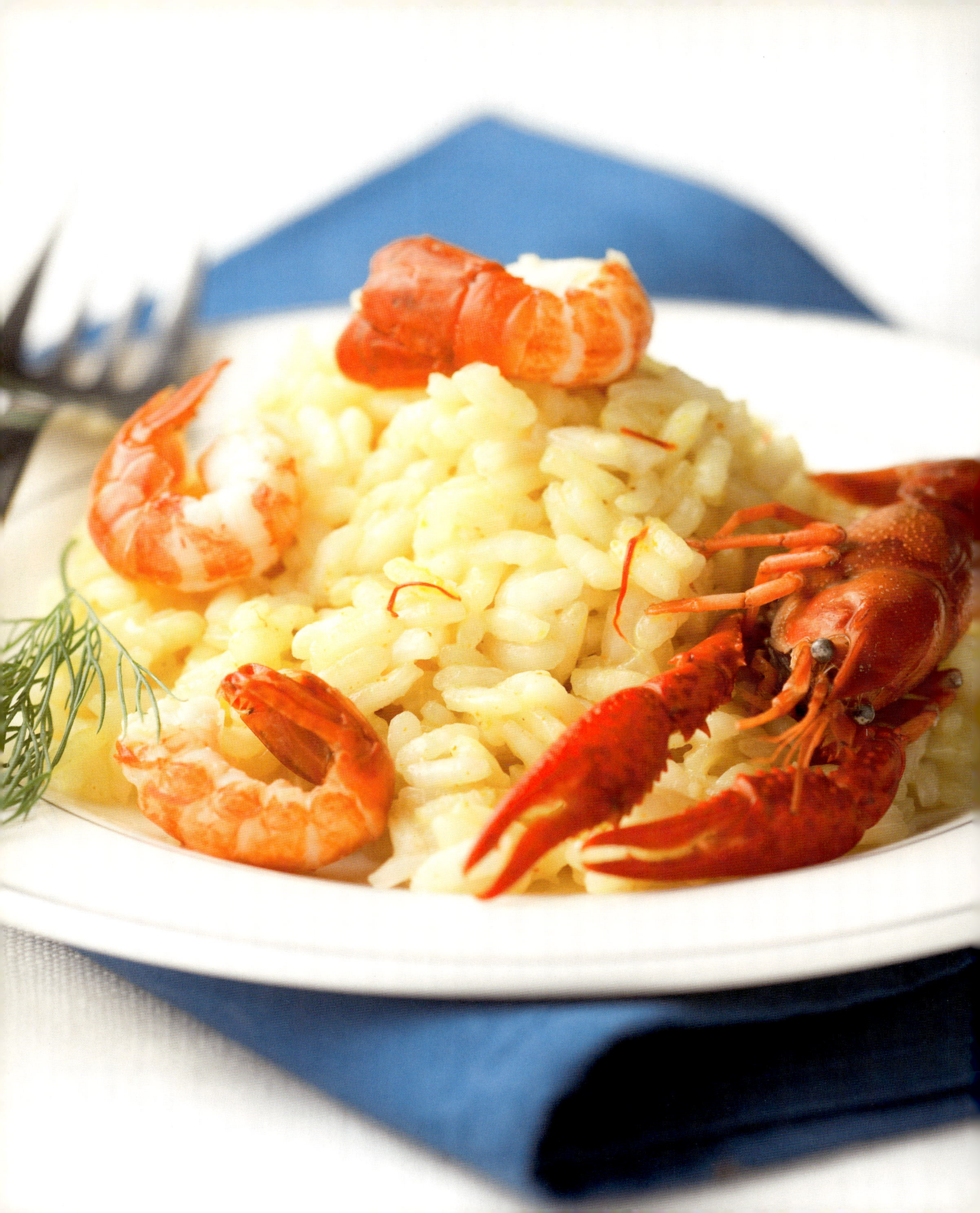

SAFRANRISOTTO MIT FLUSSKREBSEN (Für 6 Personen)

450 g Risottoreis (Arborio)
1 Zwiebel, klein geschnitten
Olivenöl zum Andünsten
1,5 l Gemüsefond
150 ml Weißwein
50 g Butter
Salz und Pfeffer aus der Mühle
Safranfäden nach Belieben
300 g gekaufte gekochte Flusskrebsschwänze
60 g Parmesan, gerieben
2 EL frische Dille, fein gehackt

In einem Topf etwas Olivenöl erhitzen und die Zwiebel anschwitzen. Den Reis hinzufügen und glasig anlaufen lassen, mit dem Wein ablöschen. Nun die Hitze reduzieren, nach und nach unter ständigem Rühren heißen Fond nachgießen, wobei der Reis niemals schwimmen soll. Währenddessen den Safran einmengen. Nach ca. 20 Minuten die Butter, einen Teil der gehackten Dille, etwas geriebenen Parmesan, Salz und Pfeffer aus der Mühle unter den al dente gegarten Reis mengen.
Das Risotto in einer Servierschüssel anrichten, einen Teil der Flusskrebse darunter mischen, den Rest obenauf setzen und mit der restlichen Dille dekorieren.

Zeit: 30 Minuten

Wein: Sauvignon Blanc, Südafrika

Tipp: Bereiten Sie ein Risotto stets frisch zu. Es lässt sich nicht aufwärmen, da es sonst nicht mehr körnig ist und die richtige Konsistenz hat. Für ein Safranrisotto gilt in jedem Fall: Je reiner der Safran, desto edler der Geschmack.
Den letzten Schliff bekommt Ihr Risotto, indem man kurz vor Ende der Garzeit ca. 80 ml Schlagobers einrührt. Bezüglich Variationen kennt die Risotto-Küche wahrlich keine Grenzen. Ob Gemüse, Fleisch oder Fisch – alles ist kombinierbar.

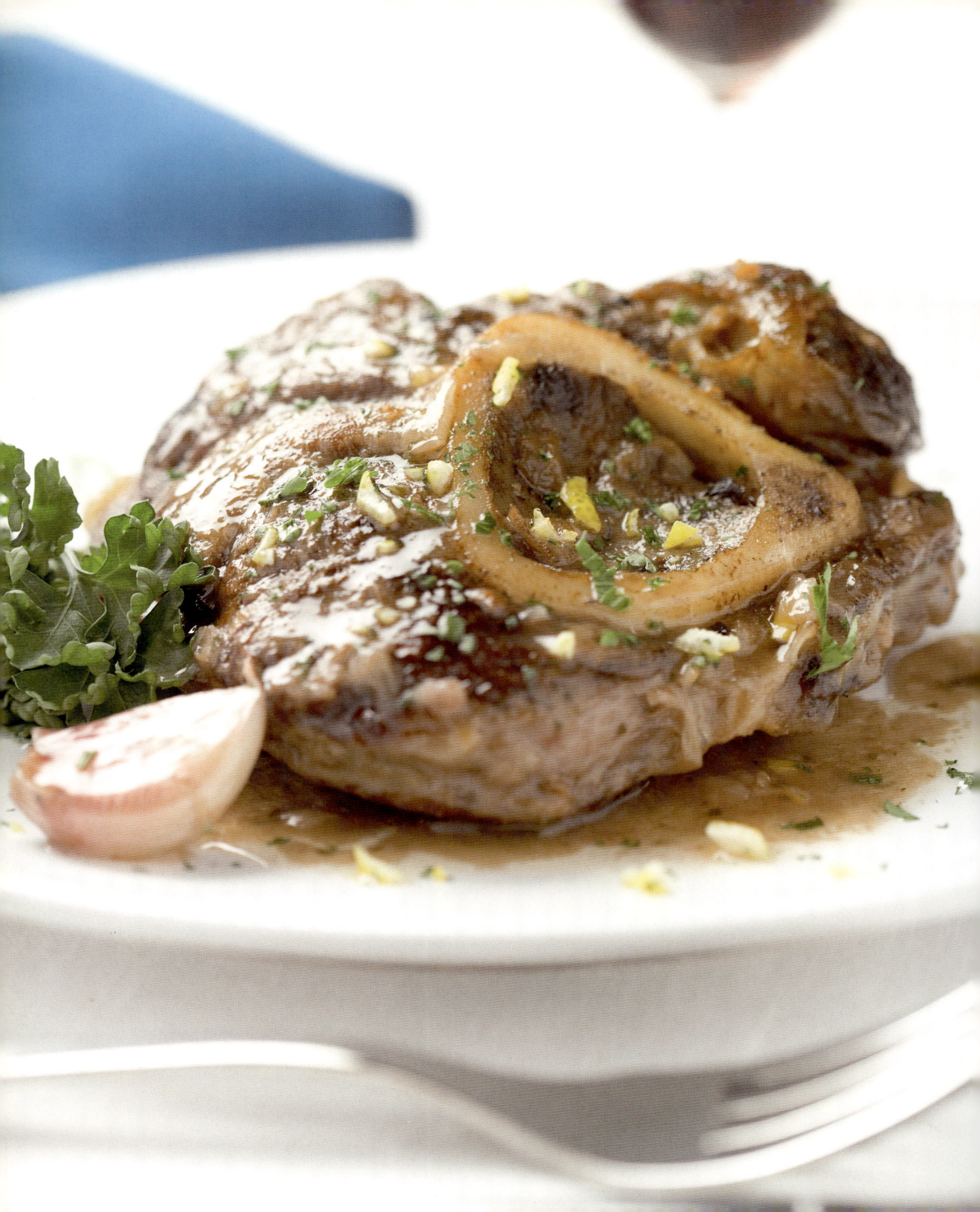

OSSOBUCO (Für 6 Personen)

6 Stück Ossobuco (Kalbshaxe, in Scheiben geschnitten)

etwas Mehl, mit Salz und Pfeffer gewürzt

etwas Olivenöl zum Anbraten

1 Zwiebel, fein gehackt

150 ml trockener Weißwein

¾ l Rindsuppe

2 Knoblauchzehen, zerstoßen

4 EL frische Petersilie, fein gehackt

Schale von 1 Zitrone, fein gerieben

Salz und Pfeffer aus der Mühle

Das Fleisch im gewürzten Mehl wenden. Etwas Olivenöl in einer Pfanne erhitzen, das Fleisch auf beiden Seiten gut anrösten und anschließend aus der Pfanne heben. Die fein gehackte Zwiebel in derselben Pfanne glasig dünsten. Nun das Fleisch wieder zurück in die Pfanne legen, mit Wein ablöschen. Die Rindsuppe zugießen und etwa eine Stunde zugedeckt köcheln lassen, bis das Fleisch sehr weich ist. Von Zeit zu Zeit mit dem eigenen Saft begießen. Kurz vor dem Servieren Petersilie, geriebene Zitronenschale und Knoblauch einmengen und mit Salz und Pfeffer abschmecken.

Zeit: 1 Stunde

Wein: Chianti Classico, Toskana

Tipp: Traditionellerweise isst man dieses Mailänder Gericht mit einem Risotto alla milanese, das mit Safran gewürzt ist (siehe S. 125, ohne Flusskrebse).

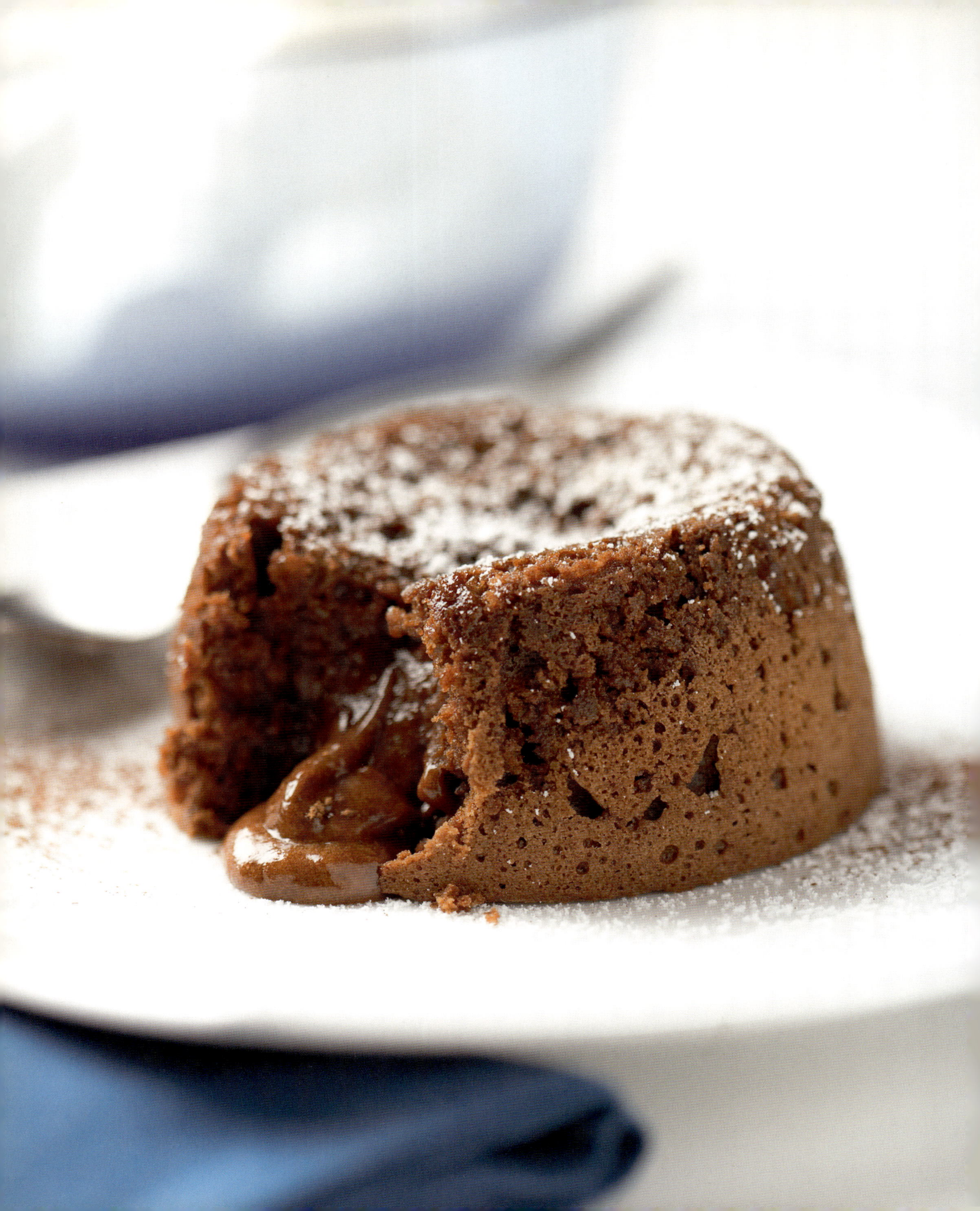

SCHOKOLADE COULANT (Für 6 Personen)

etwas Staubzucker
100 g Kochschokolade
80 g Butter
60 g Zucker
2 Eier
40 g Mehl
Salz

150 ml Schlagobers
Vanillezucker

Backrohr auf 180 °C vorheizen.
6 kleine Soufflé-Schüsseln (aus Keramik) mit Butter und Mehl oder Staubzucker ausstreichen. Die Schokolade mit der Butter schmelzen und etwas abkühlen lassen. Eier mit dem Zucker und etwas Salz schaumig rühren und anschließend mit der Butter-Schokolade vermengen. Zum Schluss vorsichtig das Mehl unterheben.
Die Masse bis knapp unter den Rand in die ofenfesten Formen füllen und 12 Minuten backen.
Den Schlagobers schlagen, bis er fest ist und mit etwas Vanillezucker abschmecken. Das Soufflé aus dem Rohr nehmen, einen Moment rasten lassen und dann auf die Teller stürzen.
Mit Schlagobers sofort servieren!

Zeit: 20 Minuten

Wein: Portwein, Portugal

Tipp: Soufflés lassen sich problemlos vorbereiten. Füllen Sie die Masse in eine ofenfeste Form und decken Sie das Ganze mit einer Frischhaltefolie ab. Nun stellen Sie das Soufflé ungebacken über Nacht in den Kühlschrank oder auch ins Gefrierfach. Etwa 30 Minuten vor dem Backen bei Zimmertemperatur auftauen lassen.

DINNER FOR TWO

Zum Verwöhnen und Vernaschen

Auch wenn man vielleicht nicht zu den „unendlich romantischen Träumern" gehört, die jeden Anlass zum Fest machen, sondern eher zu den „spontanen Romantikern", die am Markt die herrlichen Feigen oder den saftigen Thunfisch entdecken und dann mit Kerzenlicht, Musik und tollem Essen überraschen. Ganz egal, zu welcher Sorte Mensch wir gehören – kochen wir für die Liebe. Wir wollen doch alles für unsere bessere Hälfte sein: Vertrauter, bester Freund und, und … bester Koch! Oder haben wir etwas vergessen? Wie auch immer: Liebe geht bei uns allen durch den Magen! Die Romantik lebt …

Dekotipp
Das Margeriten-Paar in dem Allium-Blütenbeet macht sich wunderschön als stilvolle Dekoration für unser romantisches Dinner.

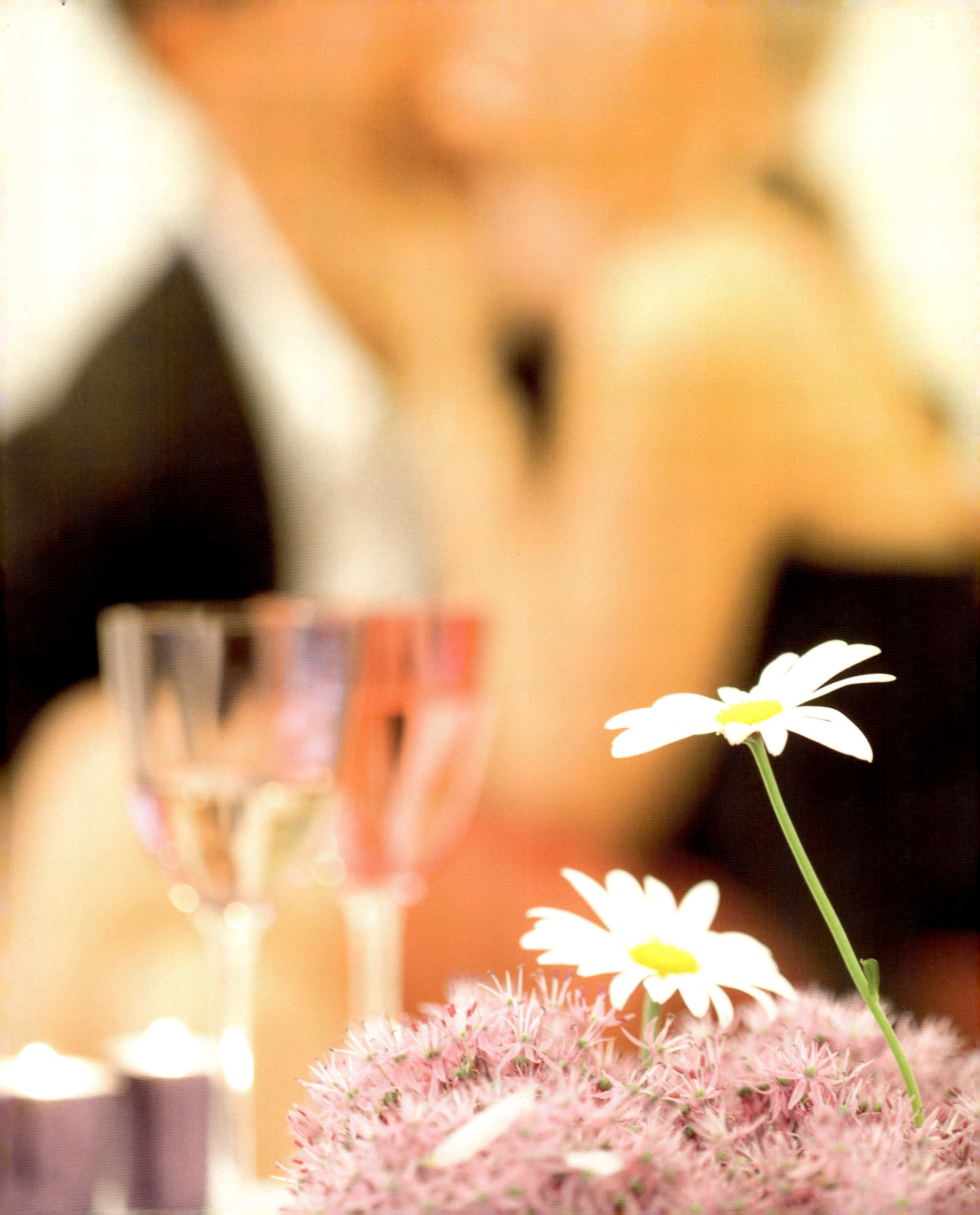

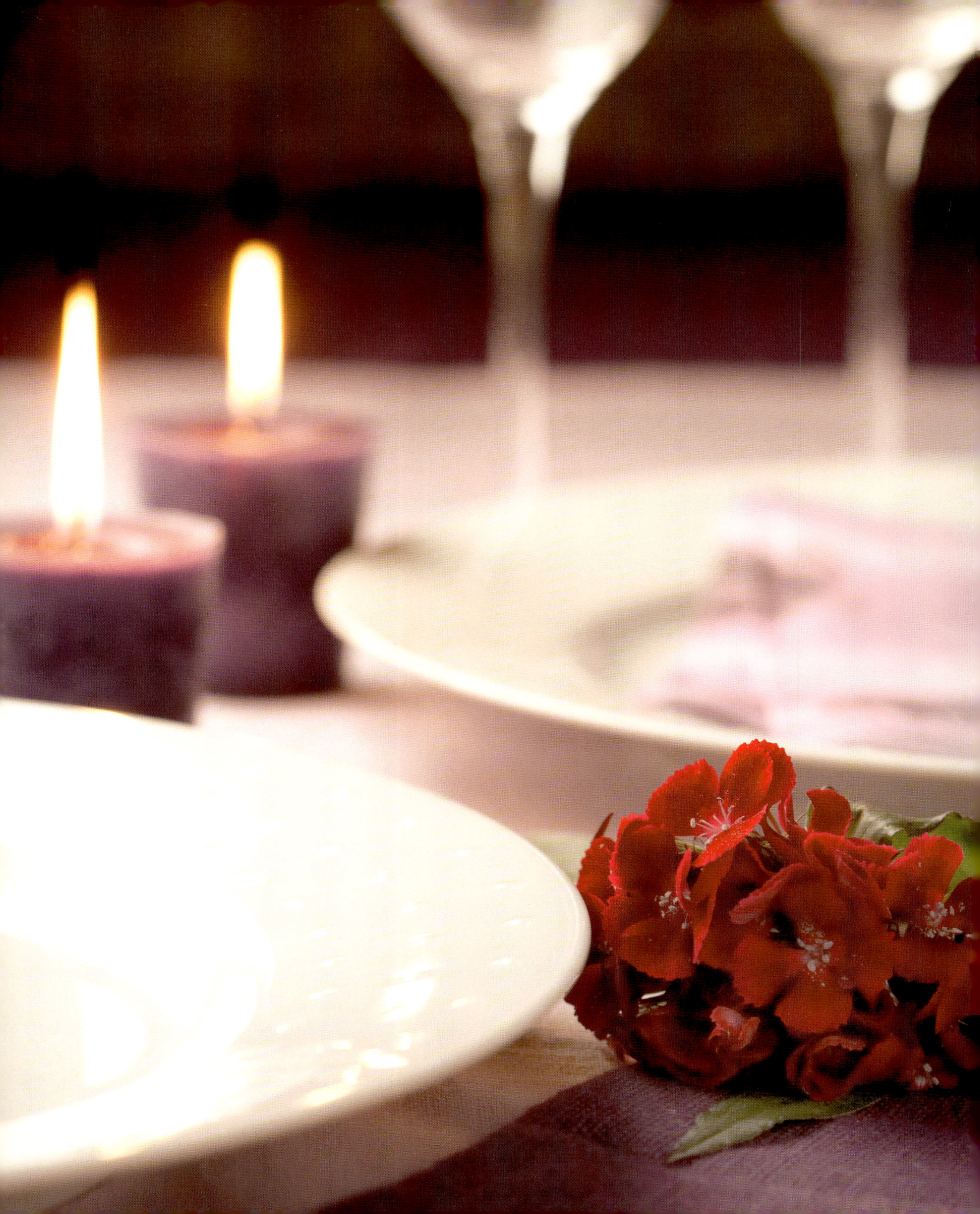

DINNER FOR TWO

Zum Verwöhnen und Vernaschen

MENÜ

Kir Royal

Tuna Tatar

Vorspeisen

Rote Paprikaschaumsuppe mit Schnittlauchöl

Feigen mit Joghurt-Dressing

Endiviensalat mit Garnelen und Avocado

Hauptspeisen

Schweinsfilet in Ingwer

Kartoffelpüree mit Zitrusgeschmack und Chili-Spinat

Lachsburger mit Tsatsiki

Dessert

Frucht-Brulée

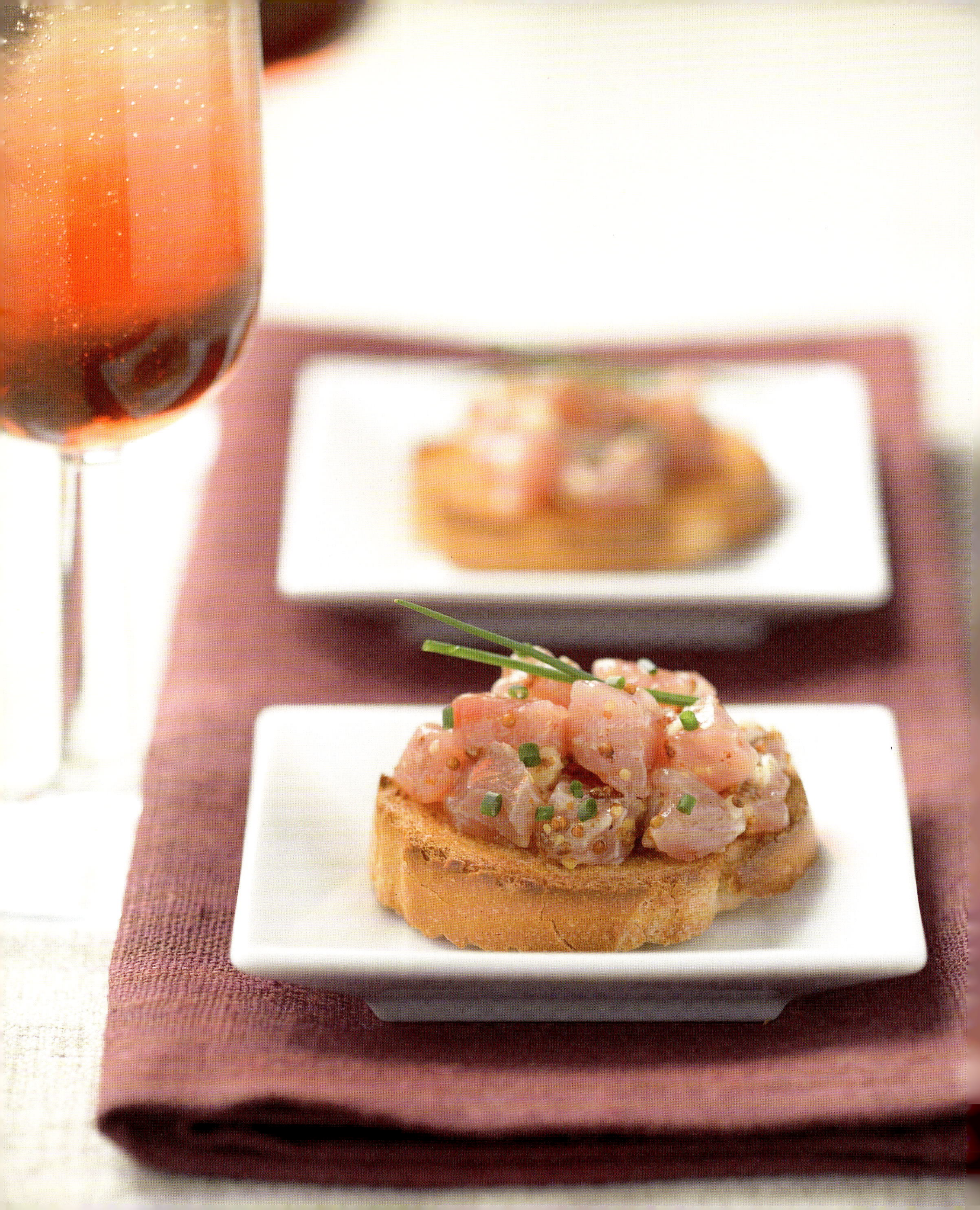

DINNER FOR TWO

KIR ROYAL (Für 2 Personen)

2 EL Créme de Cassis
1 Mini-Champagner

Pro Person 1 Esslöffel Cassis in ein Champagnerglas, mit Champagner aufgießen.

TUNA TATAR (Für 2 Personen)

150 g Sushi-Thunfisch, in kleine Würfel geschnitten
1 TL Schnittlauch, fein geschnitten
etwas Schnittlauch zum Dekorieren
Salz und Pfeffer aus der Mühle

Marinade

¼ TL frischer Ingwer, geschält und gerieben
1 TL Sojasauce
1 EL Limetten- oder Zitronensaft
ein paar Tropfen Sesamöl
1 EL Reiswein oder Sherry
1 ½ TL körniger Senf, nicht zu süß
1 Messerspitze Wasabi
1 Messerspitze rote Chilipaste
½ Jungzwiebel, fein geschnitten

Baguette, evtl. getoastet

Alle Zutaten für die Marinade gut vermischen. Die Thunfischwürfel darin etwa 20 Minuten marinieren.
Das fertige Tatar mit reschem Baguette servieren.

Zeit: 15 Minuten

Tipp: Für den Kir Royal können Sie natürlich auch Prosecco oder Sekt verwenden. Statt Cassis harmoniert auch Ribiselsirup sehr gut mit Champagner. Das Tatar hält sich problemlos ein paar Stunden im Kühlschrank.

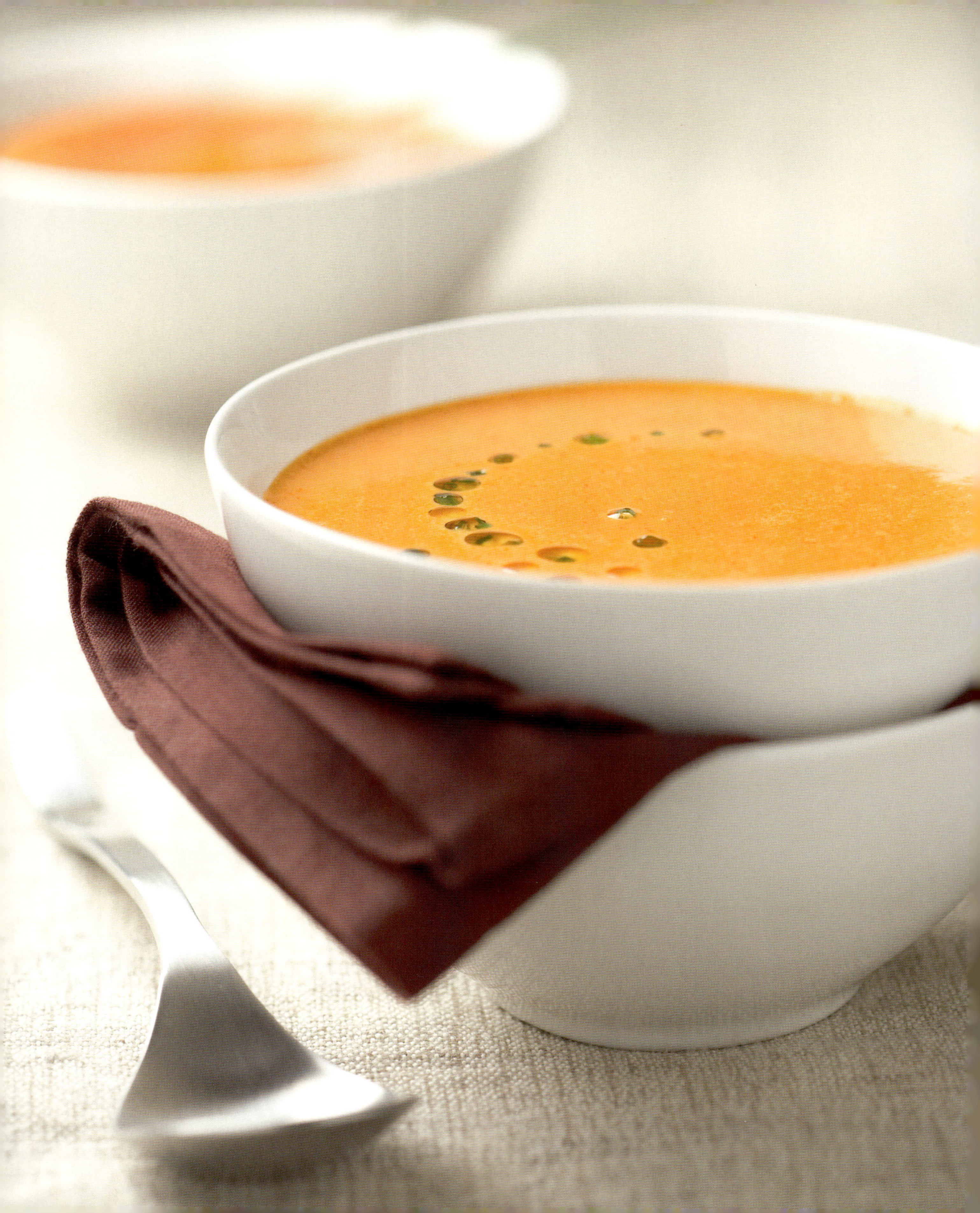

ROTE PAPRIKASCHAUMSUPPE (Für 2 Personen)

½ kleine Zwiebel, klein geschnitten
Olivenöl zum Andünsten
1 große rote Paprikaschote, würfelig geschnitten
250 ml Gemüsefond
75 ml Crème fraîche
Salz und Pfeffer aus der Mühle
Schnittlauch, geschnitten (etwa 8 cm)

Schnittlauchöl
1 Bund Schnittlauch, fein geschnitten
etwas Olivenöl
Meersalz

Den fein geschnittenen Schnittlauch in ein Einmachglas füllen, so viel Olivenöl darüber gießen, bis der Schnittlauch bedeckt ist. Ca. 1 Esslöffel Meersalz dazumischen. Olivenöl in einer Pfanne erhitzen und die Zwiebel darin glasig anschwitzen. Paprikastücke dazugeben und kurz mitdünsten. Mit dem Fond aufgießen und 15 Minuten kochen, bis die Paprikastücke ganz weich sind. In einem Standmixer mit Crème fraîche fest pürieren, bis die Suppe ganz sämig ist. Manche Paprikaschoten haben eine festere Haut – in diesem Fall müsste man die Suppe passieren. Mit Salz und Pfeffer abschmecken, in Suppentellern anrichten.
Zum Verfeinern 1 Teelöffel Schnittlauchöl in jeden Teller geben, mit zwei Schnittlauchstangen dekorativ über die Teller gelegt, servieren.

Zeit: 25 Minuten

Tipp: Das Schnittlauchöl kann man 2–3 Wochen kühl gelagert aufbewahren. Es passt auch zu diversen anderen Creme-Suppen, aber auch zu Salaten. Die Suppe kann man schon am Tag davor zubereiten.

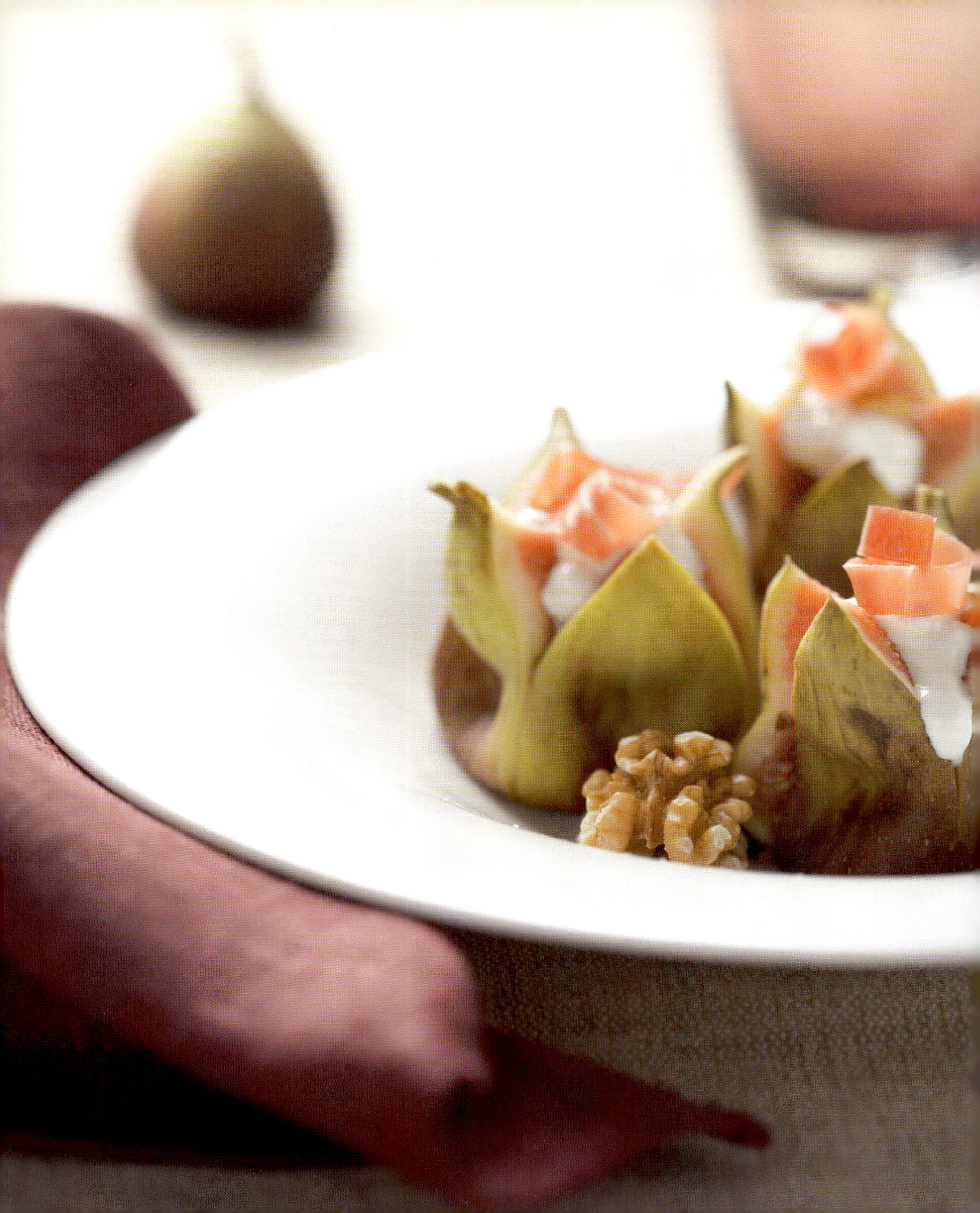

FEIGEN MIT JOGHURT-DRESSING (Für 2 Personen)

4–6 Feigen
3 EL frische Walnüsse, grob gehackt
150 g Joghurt
2 Scheiben Parmaschinken, in feine Streifen geschnitten

Die Schale der Feigen in Kreuzform von oben anschneiden und die Früchte jeweils von allen vier Seiten leicht andrücken, bis das Fruchtfleisch zu sehen ist. Joghurt mit den gehackten Nüssen vermischen und über jeder Feige verteilen. Zum Schluss die Schinkenstreifen darüber streuen und sofort servieren.

Zeit: 10 Minuten

Wein: Grauburgunder, Südtirol

Tipp: Statt Rohschinken eignet sich auch angebratener Speck. Die Verwendung von frischen Walnüssen ist für dieses Rezept sehr wichtig.

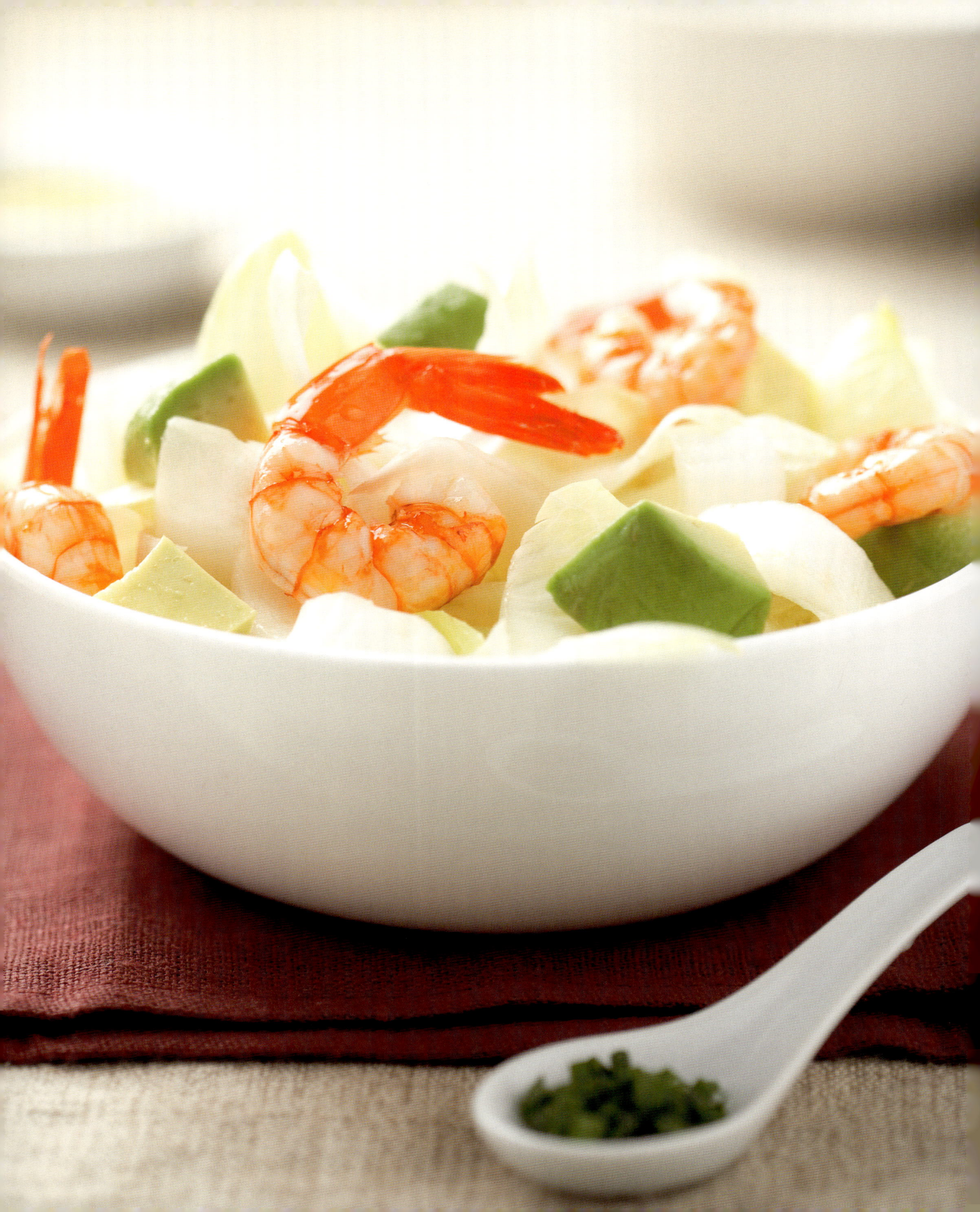

ENDIVIENSALAT MIT GARNELEN UND AVOCADO (Für 2 Personen)

10 Garnelen oder große Shrimps
1 EL Zitronensaft
1 Avocado, würfelig geschnitten
1 Endiviensalat, in Stücke geschnitten
Salz

Dressing
½ EL Zitronensaft
1 TL Salz
½ EL frischer Estragon, klein geschnitten
1 TL Dijonsenf
Pfeffer aus der Mühle
1 ½ EL Olivenöl

Wasser zum Kochen bringen und mit Salz und 1 Esslöffel Zitronensaft würzen. Die Garnelen darin 1–2 Minuten kochen, bis sie rosa sind (wenn sie schon vorgekocht sind, nur einmal aufkochen lassen oder mit kochendem Wasser überbrühen), abseihen, schälen und mit Küchenpapier trocken tupfen. Nun die Zutaten für das Dressing gut verrühren.
Die Salatsauce zuerst mit den Garnelen, dann den Avocadostücken und zum Schluss mit dem geschnittenen Endiviensalat vorsichtig vermengen.
Auf zwei Tellern dekorativ anrichten.

Zeit: 15 Minuten

Wein: Sauvignon Blanc, Steiermark

Tipp: Wenn man den Salat vorbereiten möchte, kann man die gekochten Garnelen in der Vinaigrette marinieren. Je länger sie in der Marinade liegen, desto mehr Geschmack bekommen sie. Die Avocado sollte möglichst reif sein, jedoch nicht überreif und matschig. Sie wird dann erst kurz vor dem Servieren mit dem restlichen Salat vermischt.

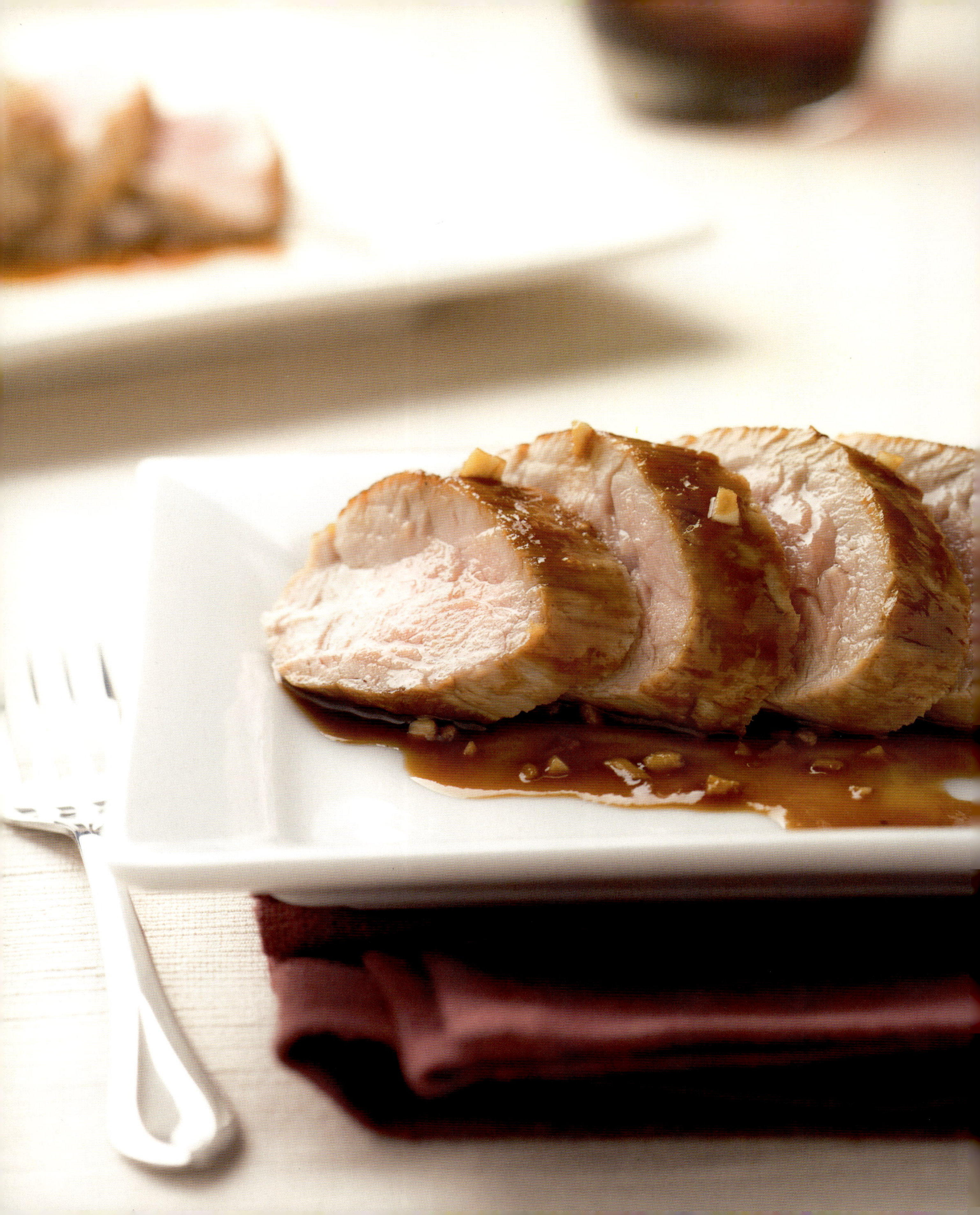

SCHWEINSFILET IN INGWER (Für 2 Personen)

300 g Schweinsfilet
1 EL Olivenöl

Marinade
¼ l Hühnerfond
50 ml Sojasauce
60 g brauner Zucker
1 EL Ketchup
1 EL Tomatenmark
1 EL frischer Ingwer, fein gerieben
1 Knoblauchzehe, zerstoßen
1 TL Balsamicoessig

100 ml Hühnerfond mit den restlichen Zutaten der Marinade in einer Schüssel gut vermengen und das Schweinsfilet darin 2 Stunden marinieren.
Backrohr auf 210 °C vorheizen.
Das Filet aus der Marinade heben und mit Küchenpapier trocken tupfen. Etwas Olivenöl in einer Pfanne erhitzen und das Filet darin auf jeder Seite anbraten. Aus der Pfanne nehmen und in eine ofenfeste Form geben. Das Filet ca. 15 Minuten im Rohr braten. Die Marinade mit dem restlichen Fond in einen Topf geben und ca. 10–15 Minuten kochen lassen.
Das Schweinsfilet aufschneiden und mit der Sauce servieren.

Zeit: 30 Minuten

Wein: Riesling Smaragd, Wachau

Tipp: Entscheidend für dieses Gericht ist der Garungsgrad des Filets. Es darf nicht zu durch sein – wenn es beim Aufschneiden gerade noch rosa ist, ist es perfekt. Legen Sie das Fleisch schon am Vortag in die Marinade – Sie gewinnen Zeit und das Fleisch schmeckt würziger. Dieses Gericht schmeckt auch kalt sehr gut.

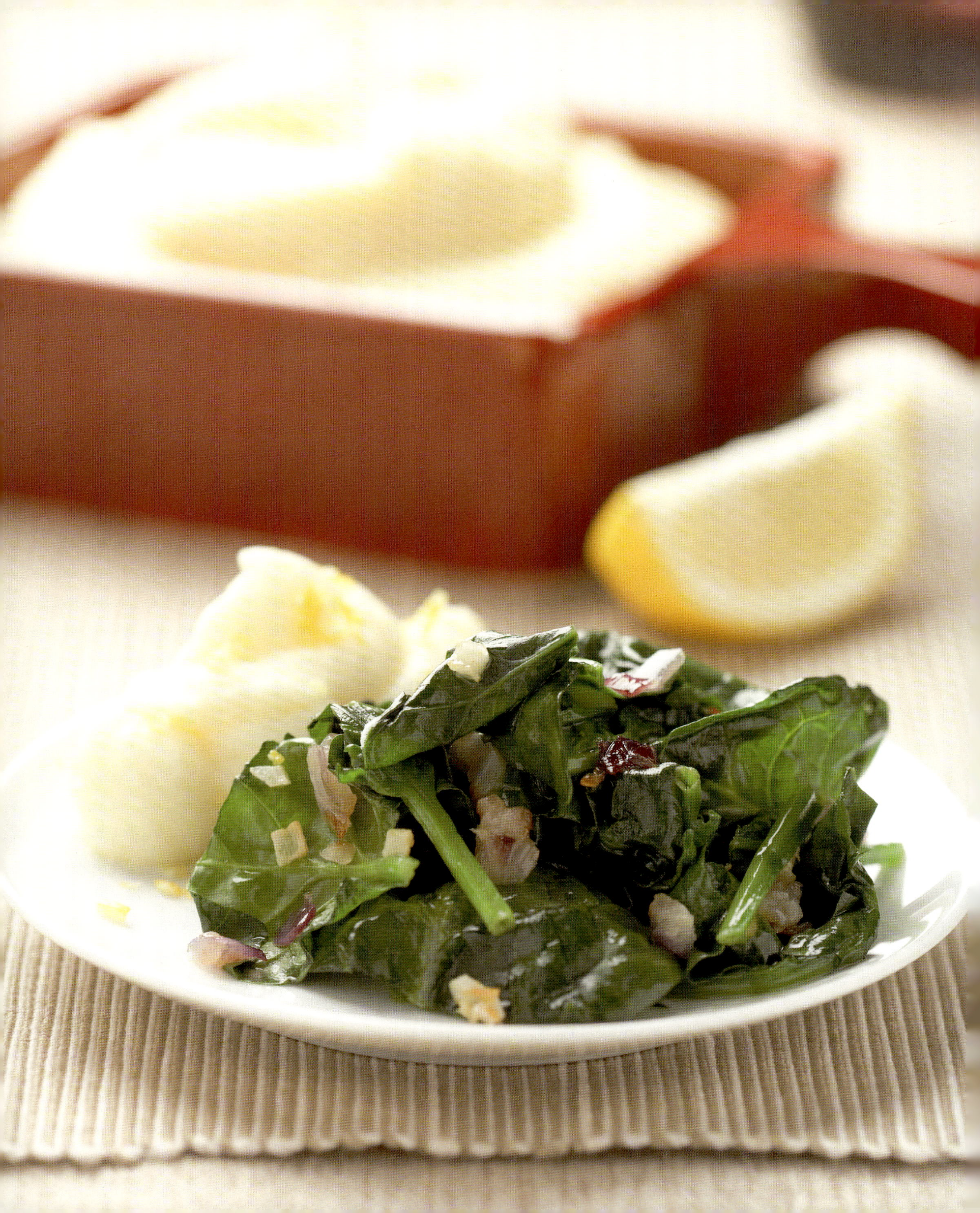

KARTOFFELPÜREE MIT ZITRUSGESCHMACK (Für 2 Personen)

500 g mehlige Kartoffeln, geschält
1 EL Butter
½ TL geriebene Zitronenschale
1 EL Orangensaft
Salz und Pfeffer aus der Mühle

Die Kartoffeln in genügend Salzwasser weich kochen. Das Wasser abseihen, die Kartoffeln zerstampfen und mit den restlichen Zutaten zu einem weichen Püree vermengen. Zum Schluss gut abschmecken.

CHILI-SPINAT (Für 2 Personen)

800 g Spinat, frisch
Olivenöl zum Andünsten
1 kleine rote Zwiebel, fein geschnitten
½ Knoblauchzehe, zerstoßen
etwas Chili
1 TL Rotweinessig
Salz

Den Spinat blanchieren, mit kaltem Wasser abschrecken, abseihen und gut ausdrücken. Zwiebel in heißem Öl anschwitzen, bis sie weich ist. Knoblauch und Chili dazugeben und 1 Minute mitdünsten. Den Spinat einmengen, kurz durchwärmen. Zum Schluss mit Essig und Salz würzen.

Zeit: 30 Minuten

Tipp: Das Püree kann man schon ein paar Stunden vor dem Essen kochen und im letzten Moment aufwärmen. Meistens braucht es dann noch etwas Flüssigkeit – in diesem Fall Orangensaft oder etwas Wasser.
Geben Sie etwas Natron (Speisesoda) in das Spinatwasser: So bleibt das frische Grün vom Spinat erhalten. Natürlich kann man diesen Trick bei jeder Gemüsesorte anwenden, die man in Wasser kocht.

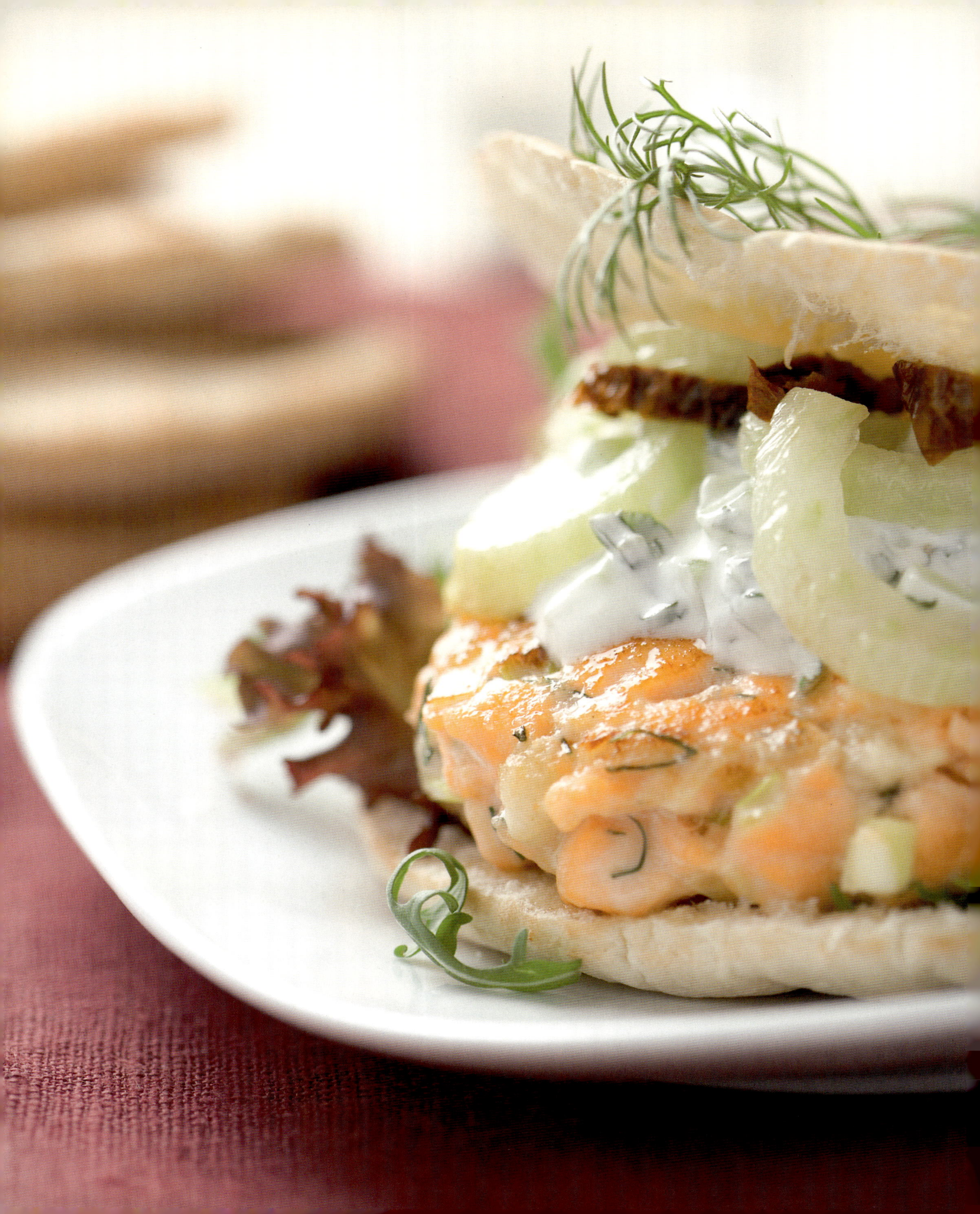

LACHSBURGER MIT TSATSIKI (Für 2 Personen)

Tsatsiki

½ Gurke, geschält und kleinwürfelig geschnitten

1 EL frische Minze, klein gehackt

1 Knoblauchzehe, zerstoßen

150 g griechisches Joghurt

Lachsburger

1 Scheibe Weißbrot, ohne Rinde und zerbröselt

300 g Lachsfilet, ohne Gräten, kleinwürfelig geschnitten

1 Jungzwiebel, fein geschnitten

½ EL Zitronensaft

1 EL Dille, klein gehackt

½ Ei

Cumin nach Geschmack

2 EL Olivenöl

½ Fenchelknolle, in feine Ringe geschnitten

2 Pita-Brote

Salatblätter

50 g getrocknete Tomaten

Für das Tsatsiki alle Zutaten vermengen und im Kühlschrank rasten lassen.

Das zerkleinerte Brot, die Lachsstücke, Jungzwiebel, Zitronensaft, Dille, Cumin und Ei in einer Schüssel gut vermengen und mit Salz abschmecken. Die Masse in 2 Teile (oder 4 kleine) portionieren und Burger formen. 1 Stunde kühl stellen.

Das Öl in einer Pfanne erhitzen und den Fenchel darin anbraten, bis er gar und fast karamellisiert ist, ca. 10 Minuten. Pita-Brot in die Hälfte teilen und eventuell toasten. Die Lachsburger in etwas Öl in einer Pfanne erhitzen und 3–5 Minuten pro Seite abbraten. Vor dem Servieren belegt man das Brot in folgender Reihenfolge: Salatblätter, Lachsburger, Tsatsiki, gebratener Fenchel und zum Schluss die getrockneten Tomaten. Je nach Geschmack mit Zitronensaft beträufeln.

Zeit: 30 Minuten

Wein: Weißburgunder aus der Pfalz, Deutschland

Tipp: Dieses Gericht lässt sich bequem auch für eine größere Dinnerparty zubereiten. Braten Sie die Burger auf jeder Seite kurz an und legen Sie sie auf ein Backblech. Das Backrohr auf 180 °C vorheizen. Kurz vor dem Servieren 10 Minuten ins Rohr schieben. Die Burger kann man schon in der Früh vorbereiten.

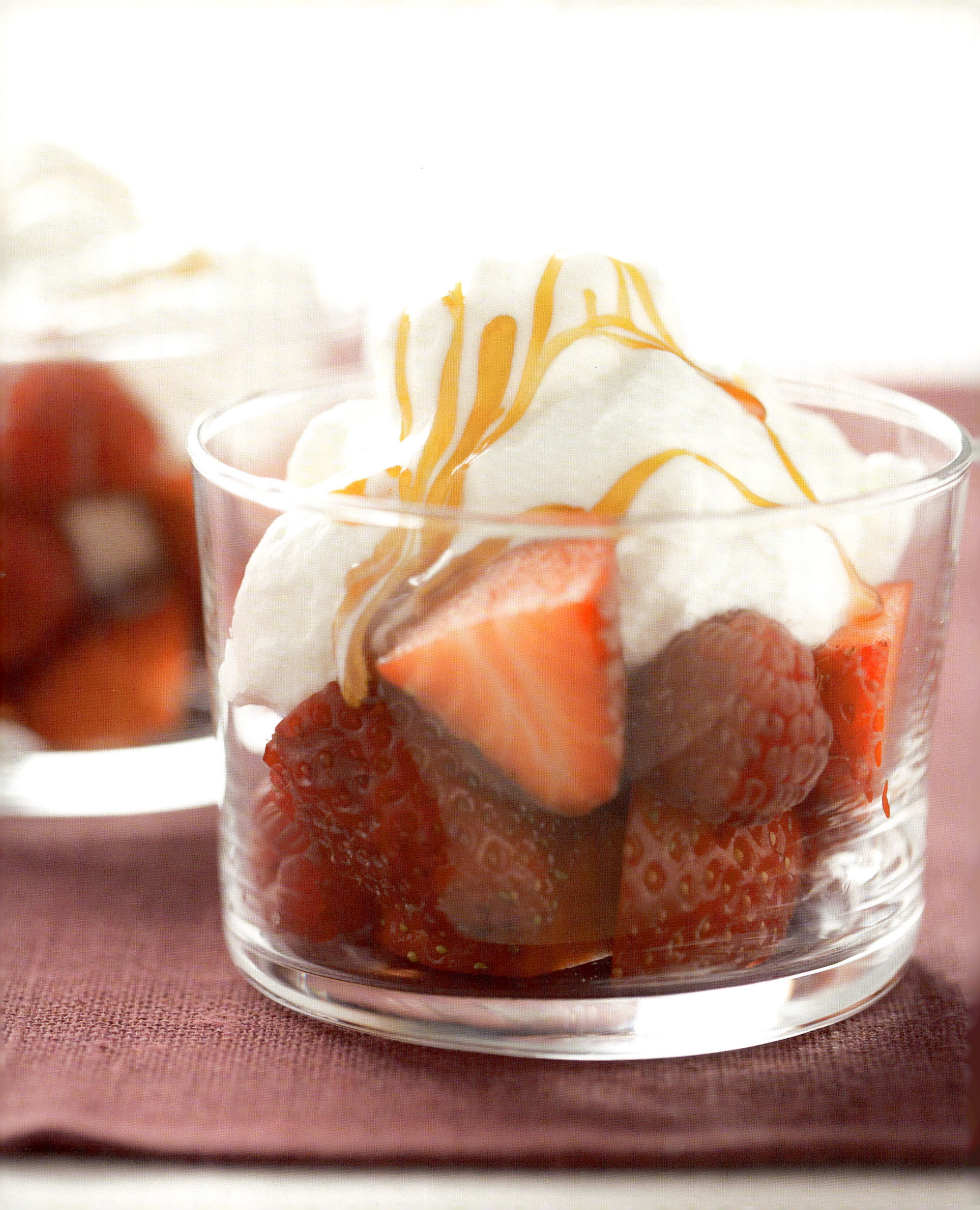

FRUCHT-BRULÉE (Für 2 Personen)

35 g Kristallzucker

80 ml Schlagobers

150 g gemischte Früchte nach Wahl (Himbeeren, Erdbeeren, Pfirsiche, Bananen etc.) in etwas Zucker mariniert

Den Zucker in eine Pfanne geben und mit etwas Wasser bedecken. Diese Mischung so lange kochen, bis der Zucker flüssig und braun ist, ca. 10–15 Minuten. Wenn der Zucker hellbraun wird, muss man vorsichtig sein, denn dann verbrennt er rasch.

Währenddessen den Schlagobers schlagen. Größere Früchte in Stücke schneiden und mit den Beeren vermischen. Eine flache Glasschüssel zu drei Viertel damit füllen und 2–3 Esslöffel geschlagenen Schlagobers darüber geben.

Sobald der Zucker eine dunkel-goldene Farbe angenommen hat, sofort von der Flamme nehmen und 1–2 Löffel über den Schlagobers geben. Sofort servieren!

Zeit: 20 Minuten

Wein: Moscato d'Asti, Piemont

Tipp: Nicht zu viel Karamell darüber geben, da es sonst zu süß wird. Wenn man gefrorene Beeren verwendet, diese zuerst auftauen, mit Zucker abschmecken und etwas Zitronensaft dazugeben.

ONLY SWEETS

Im Schlaraffenland für Süße

Dieses Kapitel ist für alle „Süßen" dieser Welt! Naschkatzen durchstöbern im Restaurant bekanntlich zuallererst das Dessertangebot der Karte, gehen das Ganze zur Belustigung der Tischgesellschaft immer taktisch an, verzichten dabei liebend gern auf Vorspeise und Hauptgang, um schließlich in ihrem Element der herrlich süßen Gaumenlust zu frönen. Für viele ist eine Nachspeise nicht alltäglich, denn im Alltag greift man schon aus Zeitmangel nur zur verführerischen Tafel Schokolade. Wenn es jedoch einen besonderen Anlass gibt, darf ein köstliches Dessert nicht fehlen. Wer in all den anderen Kapiteln noch nicht sein perfektes Dessert gefunden hat – hier wird sicher jeder fündig!

Dekotipp
Unser Dessert-Buffet schmücken hübsche Vasen, gefüllt mit Zuckermandeln und herzigen Sträußchen aus Hortensien, Vergissmeinnicht und Traubenhyazinthen.

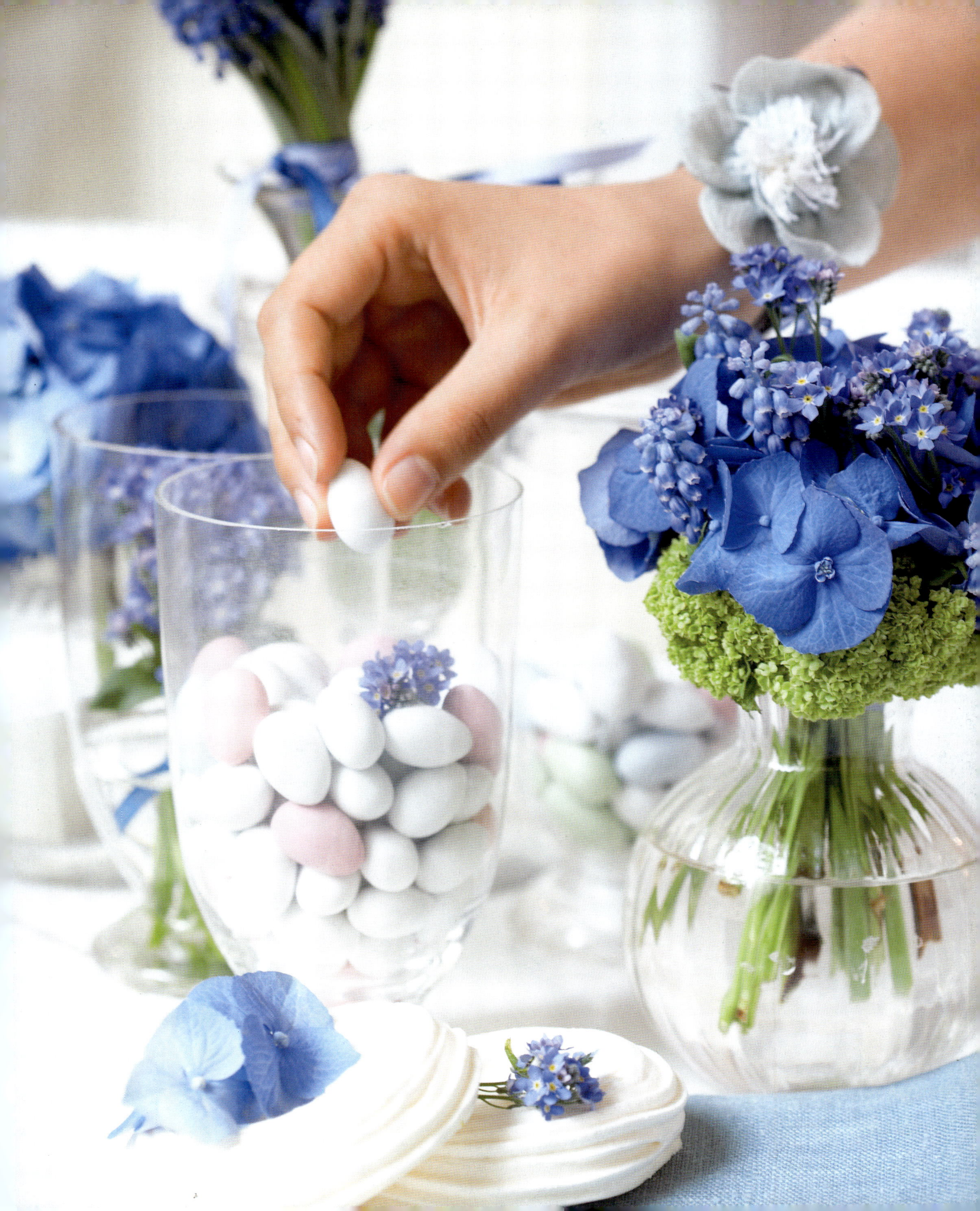

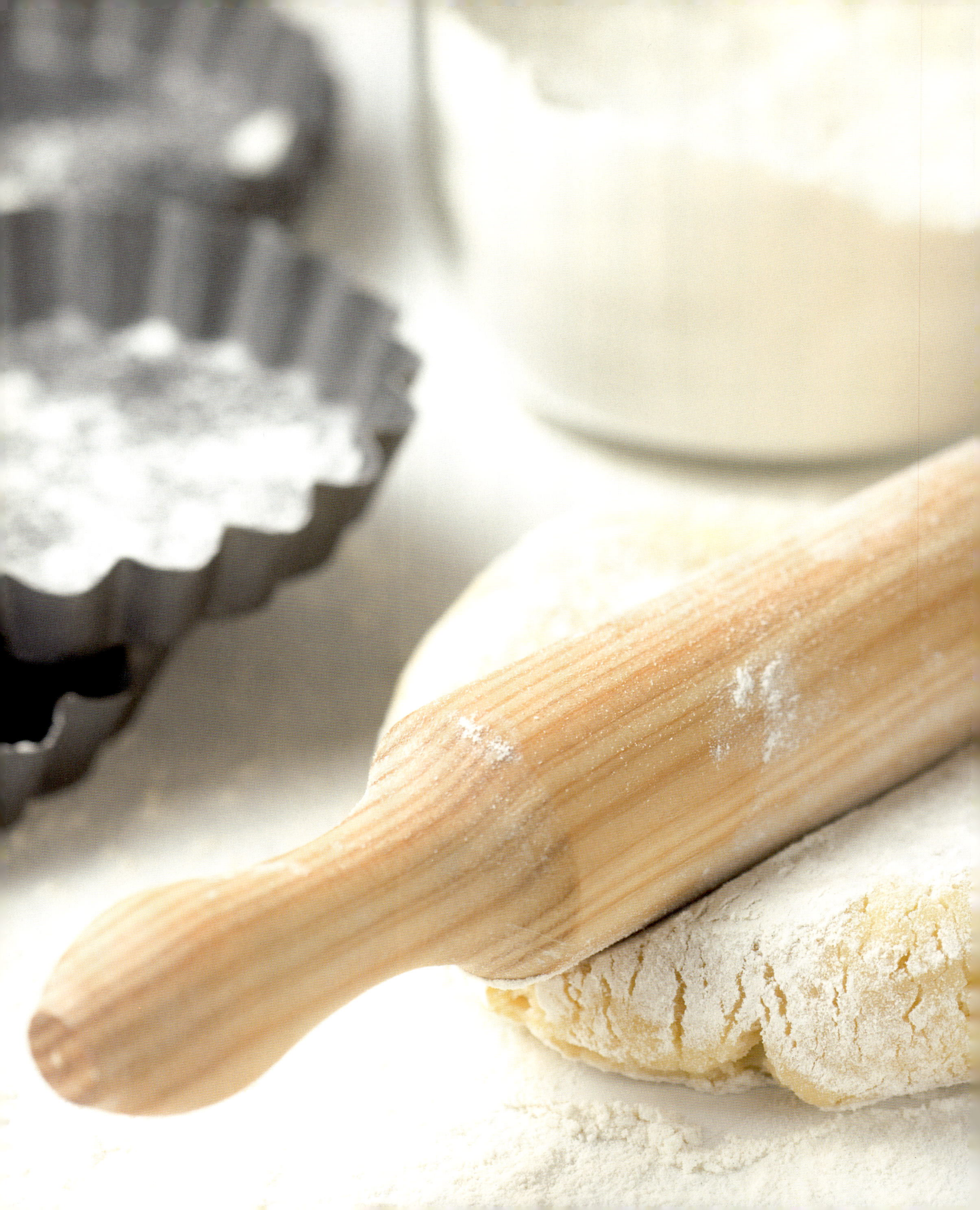

ONLY SWEETS
Zum Verwöhnen und Vernaschen

MENÜ

Cranberry Punch

Kalt
Schneenockerl mit Vanillesauce
Meringue-Torte mit Himbeeren und Schlagobers
Topfencreme mit Erdbeercoulis
Chocolate Cornflakes
Zitrus-Crème-Brulée

Warm
Birnen in Rotwein
Apple Ginger Crumble

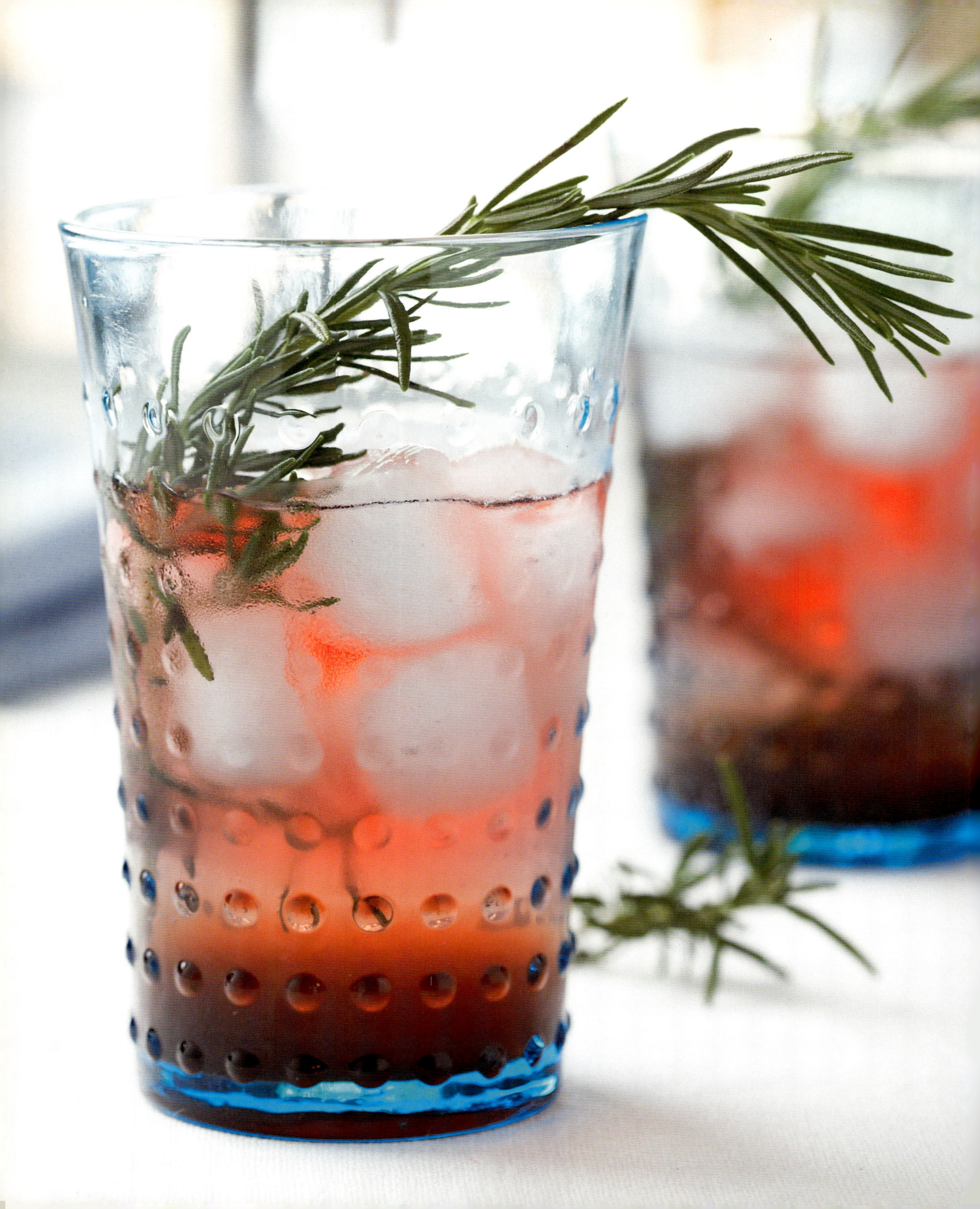

CRANBERRY PUNCH (Für 6 Personen)

340 g Cranberries
250 g Zucker
1 TL frischer Rosmarin, grob gehackt
600 ml Wasser
350 ml Wodka

Rosmarinzweige zum Dekorieren

Alle Zutaten (außer dem Wodka) in einem Topf ca. 30 Minuten kochen, bis die Flüssigkeit zu einem Sirup eindickt. Durch ein Sieb gießen. Den Sirup erkalten lassen und mit dem Wodka mischen. Den Drink über Eiswürfel in Gläser füllen und mit Rosmarinzweigen dekorieren.

Zeit: 35 Minuten

Tipp: Den Sirup kann man kühl gelagert bis zu einer Woche vorher herstellen.

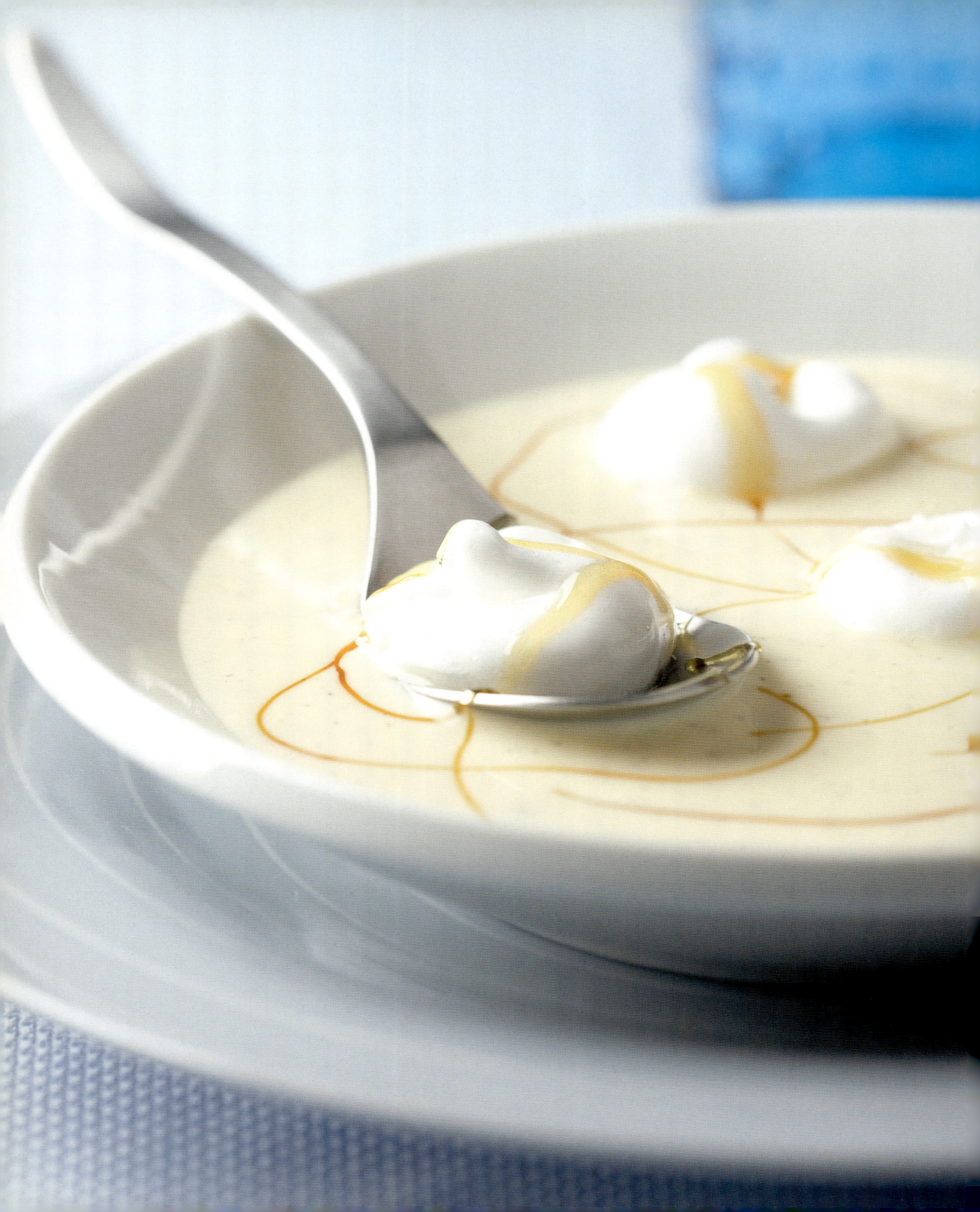

SCHNEENOCKERL MIT VANILLESAUCE (Für 6 Personen)

Vanillesauce

450 ml Milch

250 ml Schlagobers

4 EL Kristallzucker

1 Vanilleschote

2 TL Maisstärke

4 Eidotter

Nockerl

3 Eiweiß

Salz

170 g Zucker

Die Vanilleschote längs aufschneiden und das Mark auskratzen. Milch mit Schlagobers, Zucker und Vanillemark in einem Topf leicht erwärmen, damit sich die Aromen mischen. Maisstärke mit etwas Wasser vermengen, einen Teil der Milchmischung einrühren und zurück in den Topf geben, zum Kochen bringen. Nun die Hitze verringern. Die Dotter versprudeln und mit der Milchmischung gut verrühren. Die Masse wird sehr schnell dick, daher fest rühren, aber nicht aufkochen. So lange köcheln, bis die Masse den Rücken eines Kochlöffels bedeckt.

Währenddessen das Eiweiß mit etwas Salz steif schlagen, den Zucker hinzufügen und so lange weiterrühren, bis die Masse glänzend aussieht.

Eine große Pfanne zur Hälfte mit Wasser füllen und erhitzen. Sobald das Wasser siedet, 4 Esslöffel von der Eiweißmasse hineinsetzen und 30 Sekunden auf jeder Seite ziehen lassen. Nicht mehr Masse zugleich garen, da die Nockerl sehr aufgehen. Sobald die Nockerl fertig sind, auf einen Teller mit Küchenpapier legen. Den Vorgang so oft wiederholen, bis die ganze Masse verbraucht ist.

Die Nockerl in der Vanillesauce servieren.

Zeit: 40 Minuten

Wein: Spätlese Halbsüß

Tipp: Sie können die Vanillesauce bereits am Tag vor der Verwendung zubereiten, die Nockerl nur ein paar Stunden vorher. Die endgültig verführerische Note bekommt dieses Gericht, wenn Sie es mit geriebener Schokolade bestreuen oder mit Karamell überziehen. Für Letzteres ganz einfach Zucker (ca. 100 g) in einem Kochtopf karamellisieren lassen, bis er braun ist. Vorsicht: Zucker verbrennt sehr schnell. Im heißen Zustand mit einer Gabel über die Nockerl ziehen.

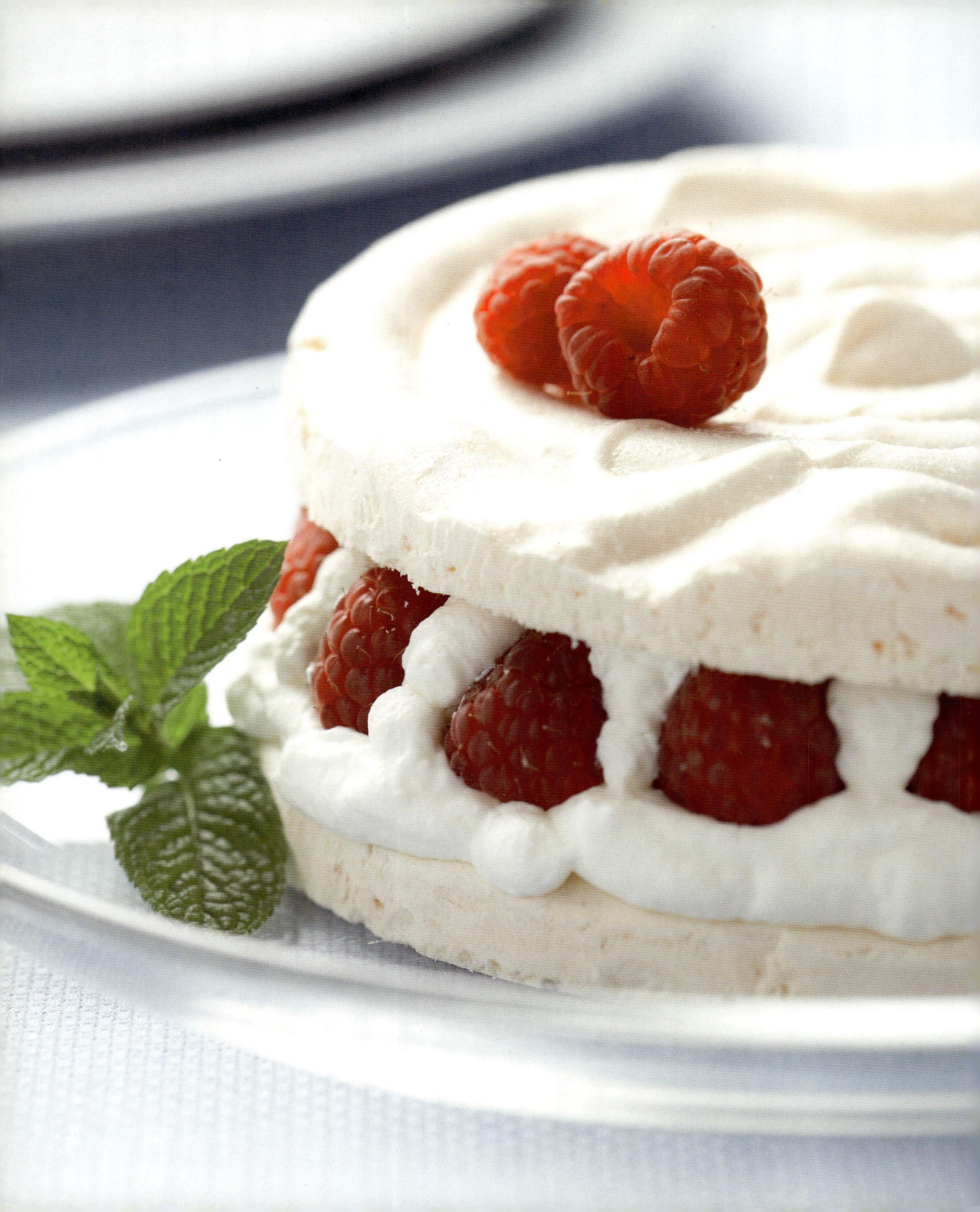

MERINGUE-TORTE MIT HIMBEEREN UND SCHLAGOBERS (Für 6 Personen)

Meringue
2 Eiweiß
etwas Salz
110 g Kristallzucker

Füllung
350 g Himbeeren, gefroren oder frisch
3 EL Zucker

¼ l Schlagobers
1 EL Zucker
1 TL Vanillezucker

Gefrorene Himbeeren mit dem Zucker an einem warmen Ort auftauen lassen.
Das Backrohr auf 110 °C vorheizen.
Zwei Backbleche mit Backpapier vorbereiten.
Das Eiweiß mit etwas Salz fest, aber nicht zu trocken schlagen. 2 Esslöffel von dem Zucker dazugeben und nochmals schlagen, bis der Schnee fest ist. Den Mixer beiseite legen und den restlichen Zucker untermengen. Nun mit Hilfe eines umgedrehten Tellers die Form der Torte auf das Backpapier zeichnen, den Eischnee in diese Kreise streichen. Wenn ein Spritzsack vorhanden ist, kann man die Tortenplatten auch kreisförmig aufspritzen – entweder zwei große Tortenplatten oder auch 12 kleine. Die Meringue 2 Stunden im Rohr backen, bis sie sich ganz leicht vom Papier löst.
Währenddessen Schlagobers fest schlagen, Zucker und Vanillezucker hineinrühren.
Für das Fertigstellen der Torte einen Meringue-Tortenboden mit Schlagobers bestreichen und gezuckerte Himbeeren darüber verteilen. Mit dem zweiten Tortenboden abdecken.

Zeit: 30 Minuten

Wein: Spätlese Halbsüß

Tipp: Die Meringue kann man auch schon ein paar Tage im Voraus backen und an einem trockenen Ort aufbewahren. Je nach Geschmack oder Saison lässt sich diese Torte natürlich auch mit frischen Erdbeeren, Pfirsichen oder Marillen herstellen.

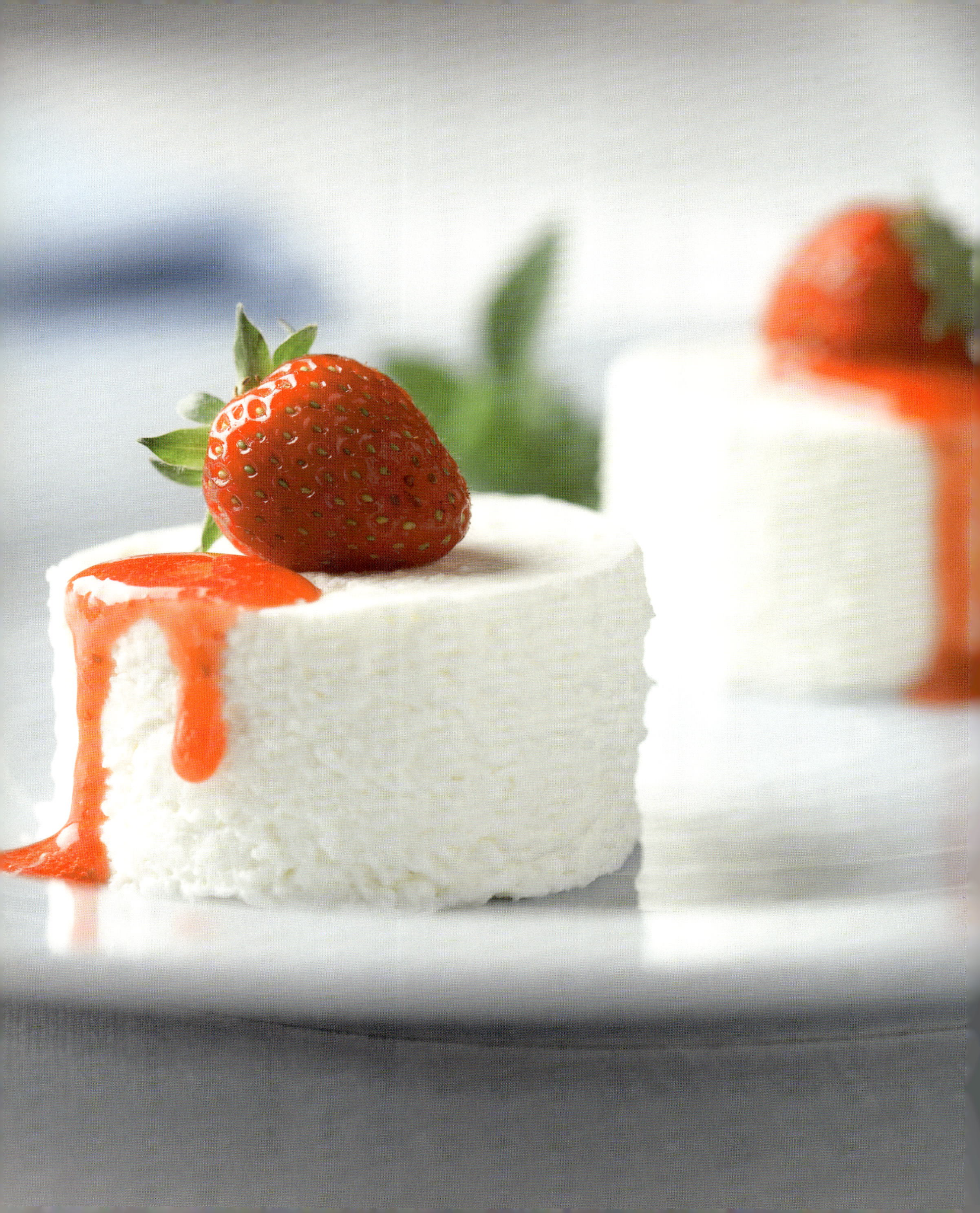

TOPFENCREME MIT ERDBEERCOULIS (Für 6 Personen)

Topfencreme

250 g Topfen, 40 % Fett

250 g Joghurt, 3,6 % Fett

250 ml Schlagobers, geschlagen

50 g Zucker (je nach Geschmack)

1 TL Vanillezucker

4 TL Zitronensaft

8 Blatt Gelatine

Erdbeercoulis

500 g frische Erdbeeren oder Himbeeren

80 g Zucker (je nach Bedarf mehr oder weniger)

Gelatine in kaltem Wasser einweichen.

Alle Zutaten für die Topfencreme außer der Gelatine gut vermengen. Die aufgeweichte Gelatine mit 1 Esslöffel Wasser in einen kleinen Topf geben und bei mittlerer Hitze aufweichen. Nicht heiß werden lassen! Danach langsam in die Topfencreme gießen und schnell vermengen. An einem kalten Ort mindestens 1 Stunde rasten lassen, damit sich die Gelatine festigen kann.

Die Früchte mit Zucker bestreuen und zu einer ganz feinen Sauce pürieren. Falls die Kerne stören, kann man die Sauce auch passieren. Die Topfencreme mit dem Erdbeercoulis servieren.

Zeit: 20 Minuten

Wein: Spätlese Halbsüß

Tipp: Man kann die Creme auch ohne Gelatine herstellen, was natürlich viel einfacher ist und genauso gut schmeckt.
Die Creme und die Erdbeersauce können Sie bereits am Tag vor Ihrer Einladung zubereiten.

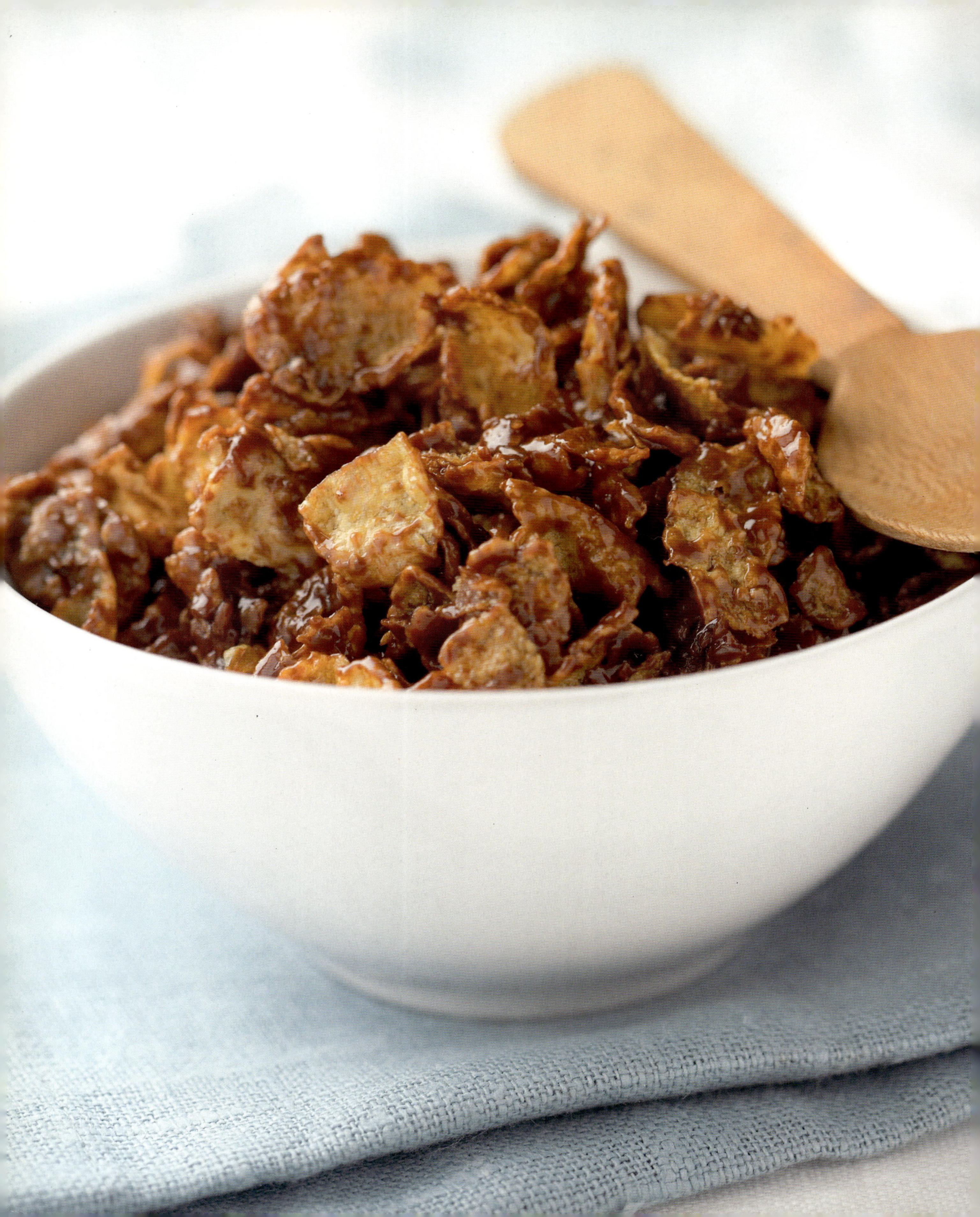

CHOCOLATE CORNFLAKES (Für 6 Personen)

30 g Butter

2 EL Golden Syrup (im englischen Fachhandel erhältlich)

30 g Kochschokolade oder
1,5 EL Kakaopulver

80 g Cornflakes oder Rice Crispys

Butter bei mittlerer Hitze erweichen. Langsam die Schokolade bzw. das Kakaopulver und den Golden Syrup einrühren. Sobald die Masse gut vermengt ist, vom Herd nehmen und so viele Cornflakes darunter mischen, bis alle Flakes mit Schoklodesauce überzogen sind. Man kann es sofort servieren oder aber auch kalt genießen.

Zeit: 5 Minuten

Tipp: Der perfekte süße Genuss für zwischendurch. Man kann die Chocolate Cornflakes variieren, indem man mehr oder weniger Schokolade oder Syrup verwendet.

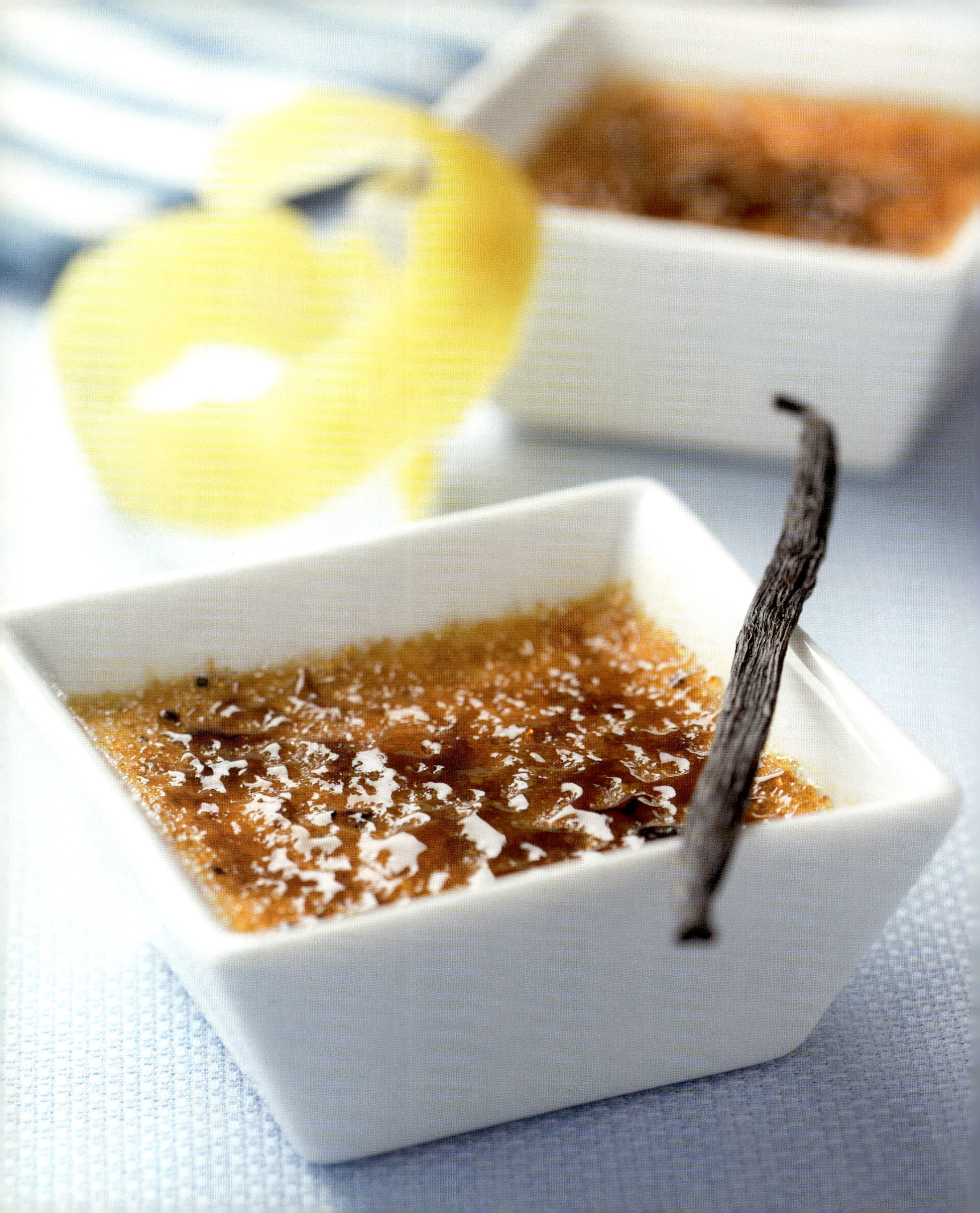

ZITRUS-CRÈME-BRULÉE (Für 6 Personen)

250 ml Schlagobers
250 ml Milch
1 Vanilleschote (oder 2 EL Vanillezucker)
2 Eier
2 Dotter
60 g Zucker für die Creme
2 Zitronen, Schale fein gerieben
2 Orangen, Schale fein gerieben

60 g Zucker für das Karamell
6 feuerfeste Förmchen

Backrohr auf 160 °C vorheizen.
Die Vanilleschote längs aufschneiden und das Mark herauskratzen. Schlagobers, Milch und Vanillemark über kleiner Flamme erwärmen. Zucker mit Eiern und Dotter mit einem Mixer so lange schlagen, bis die Masse weiß ist. Langsam die warme Milch über die Eiermasse gießen, gut verrühren und zum Schluss die geriebene Zitronen- und Orangenschale einmengen. Die Eiermasse in die kleinen Formen füllen, im Wasserbad (eine große Form mit Wasser soweit anfüllen, dass die Formen halb im Wasser stehen) 40 Minuten backen, bis die Masse fest ist. Im Kühlschrank ein paar Stunden rasten lassen. Das Backrohr auf Grillstufe vorheizen. Den Zucker über die Crème Brulée streuen und unter dem Grill karamellisieren.

Zeit: 15 Minuten

Wein: Moscato d'Asti, Piemont

Tipp: Man kann die Crème Brulée auch über Nacht in den Kühlschrank stellen. Das Karamell sollte jedoch erst unmittelbar vor dem Essen hergestellt werden.

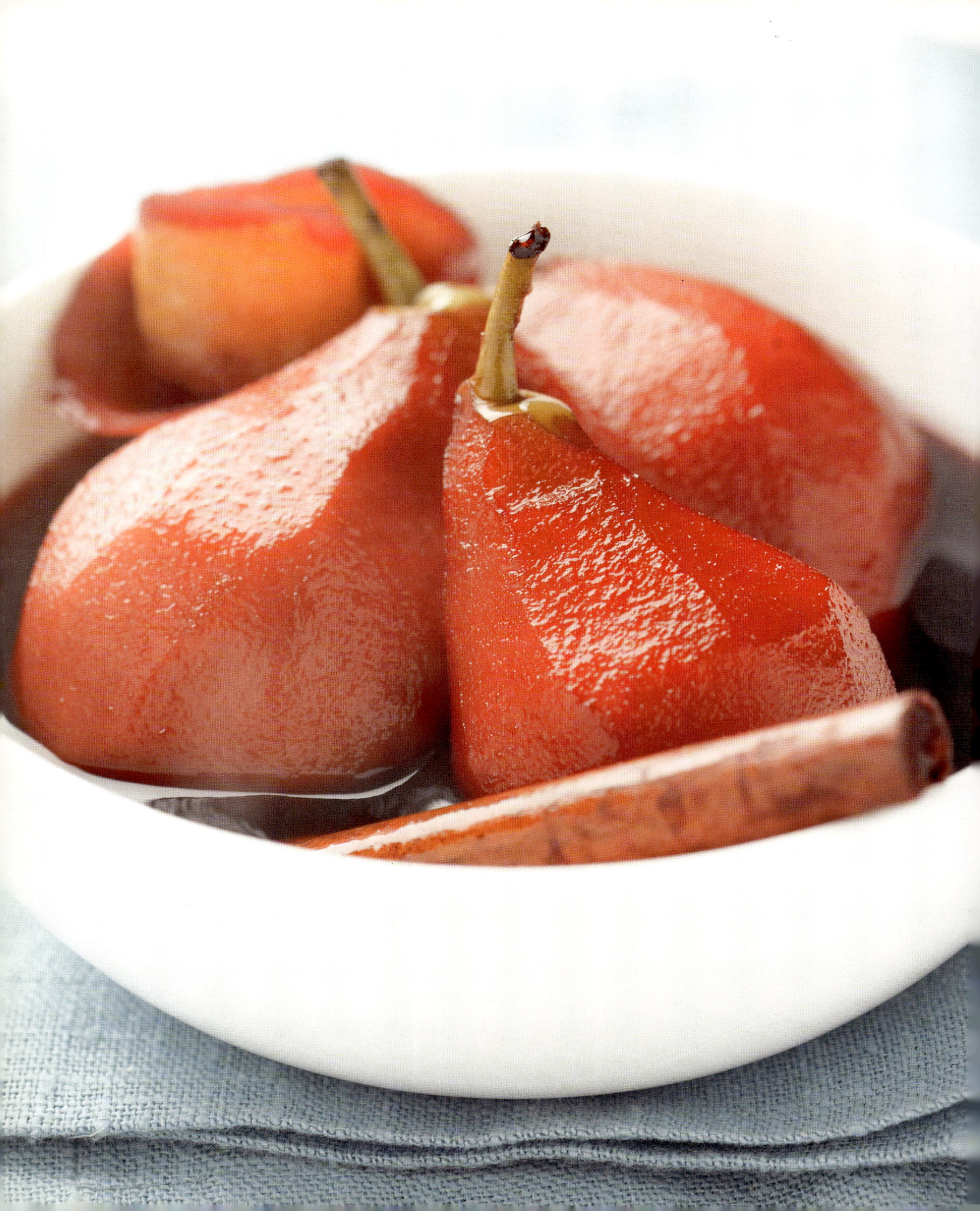

BIRNEN IN ROTWEIN (Für 6 Personen)

6 kleine Birnen, geschält, mit Stängel
600 ml Rotwein
200 g Zucker
1 Zimtstange
1 Zitrone, Schale fein gerieben
1 Vanilleschote, längs aufgeschnitten
eventuell 6 Pfefferkörner

Alle Zutaten in einen Topf geben und auf kleiner Flamme ca. 1 Stunde köcheln, bis die Birnen weich sind. Die Birnen und die Vanilleschote aus dem Saft nehmen und die Sauce nochmals 5–10 Minuten aufkochen lassen, bis sie etwas eindickt (wie ein Sirup).
Die Birnen und den Sirup erkalten lassen und in Dessertschüsseln anrichten. Eventuell mit Vanilleeis servieren.

Zeit: 10 Minuten

Tipp: Man kann diese Süßspeise auch bequem am Tag vor der Verwendung kochen und über Nacht kühl stellen. 1 Stunde vor dem Servieren aus dem Kühlschrank nehmen. Noch ein Tipp: Nicht zu weiche Birnen verwenden.

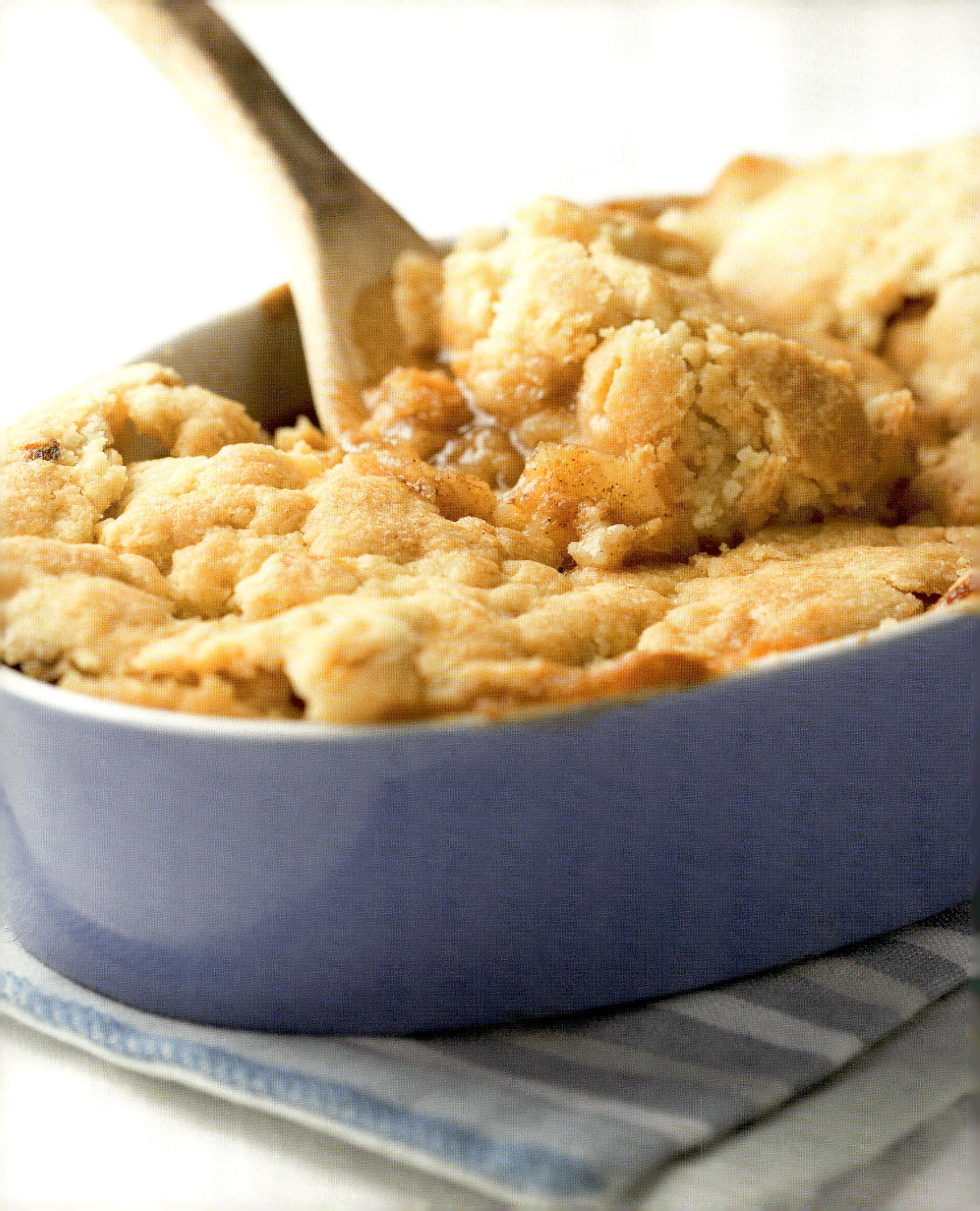

APPLE GINGER CRUMBLE (Für 6 Personen)

800 g säuerliche Äpfel, geschält, entkernt und in feine Scheiben geschnitten

150 g brauner Zucker

1 TL Zimt

Saft von 1 Zitrone

2 EL Ingwer, geschält und gerieben

Butter zum Einfetten der Form

Crumble

100 g Zucker

150 g Mehl

100 g Butter

Backrohr auf 200 °C vorheizen.
Die Apfelscheiben in Zucker, Zimt, Zitronensaft und Ingwer marinieren.
Für den Crumble die Zutaten in der Küchenmaschine verrühren.
Die Apfelscheiben in eine befettete ofenfeste Form geben, mit dem Crumble bestreuen und 35–40 Minuten backen.

Zeit: 20 Minuten

Wein: Sauternes, Frankreich

Tipp: Köstlich schmeckt dazu flüssiger Schlagobers oder Vanilleeis. Den Apple Crumble kann man schon ein paar Stunden vor dem Essen machen und ihn lauwarm servieren oder nochmals kurz ins Rohr geben. Ingwer ist nicht jedermanns Sache – man kann dieses Gewürz natürlich auch weglassen.
Den Apfel kann man durch verschiedene andere Früchte ersetzen, wie Birne, Marille, Rhabarber oder Erdbeere.

NEW YO

SAN

UNSERE RESTAURANTTIPPS

Ganz persönliche Highlights aus aller Welt

Wir haben in einigen Ländern gelebt, gearbeitet oder sie bereist. Wir haben Kulturen und Menschen kennen gelernt – und nicht zuletzt eine wunderbare kulinarische Welt. Für die Entstehung der folgenden Liste waren Atmosphäre, Preis-Leistungs-Verhältnis und Qualität der Küche ausschlaggebend – ob Würstelstand oder Haubenlokal!

WIEN

Plachutta
Wollzeile 38
Hier gibt es unsere Lieblingsspeise, den Tafelspitz.

Würstelstand am Hohen Markt
1010 Wien
Für uns der Beste der Stadt.

ROM

Obika'
Via dei Prefetti, 26
Mozzarella-Bar, In-Lokal – ein Paradies für „Bufala"–Freunde.

Ristorante Monserrato
Via Monserrato, 96
Highlights: Lobster Pasta, Carpaccio vom Octopus

PARIS

1728
8 rue Anjou
Ein sehenswertes Galerie-Restaurant – und auch der Küche wegen einen Umweg wert.

BARCELONA

La Paradeta
Calle Riego 27
Hier geht es zu wie auf dem Fischmarkt. Sehr rustikal, sehr guter Fisch – günstig!

Els Pescadors
Placa Prim 1
Ein Klassiker in Barcelona, eher teuer (etwa EUR 60 pro Person), doch sehr gute Qualität.

NEW YORK CITY

Asia de Cuba
237 Madison Avenue
(zw. 37. und 38. Straße)
Seit langem (!) ein Hotspot, ein „Best of" asiatischer und lateinamerikanischer Küche. Schick und einfach herrlich!

Bubby's
120 Hudson Street (N. Moore Street)
In Sachen Brunch unser Lieblingslokal der Stadt.

Mediterraneo
1260 Second Avenue,
(Ecke 66. Straße)
Köstliche Pizze, Carpacco und Vodka Pasta.

SAN FRANCISCO

Bay Bread Boulangerie
2325 Pine Street
Französischer Brunch im Herzen San Franciscos.

Bix
56 Gold Street
Versteckt liegt dieses Lokal, das man nicht selten zu den besten der USA zählt.

SINGAPUR

No Signboard
Geylang Avenue/Geylang
Beste Chili Crab in town …

Lorong 9 Beef Kweau Teao Food Stall
Lorong 9/Geylang
Ein Muss sind u. a. Beef Kweau Teao und Sweet and Sour Pork.

HANOI

Press Club
59 A Ly Thai To
Ein alter Club im Kolonialstil mit herrlicher Küche.

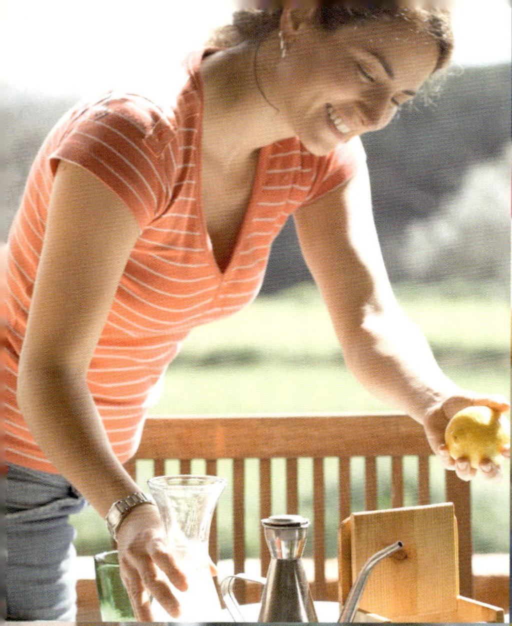
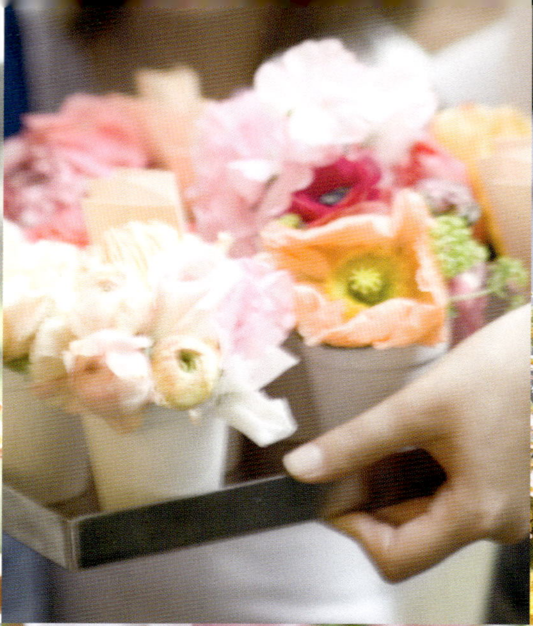
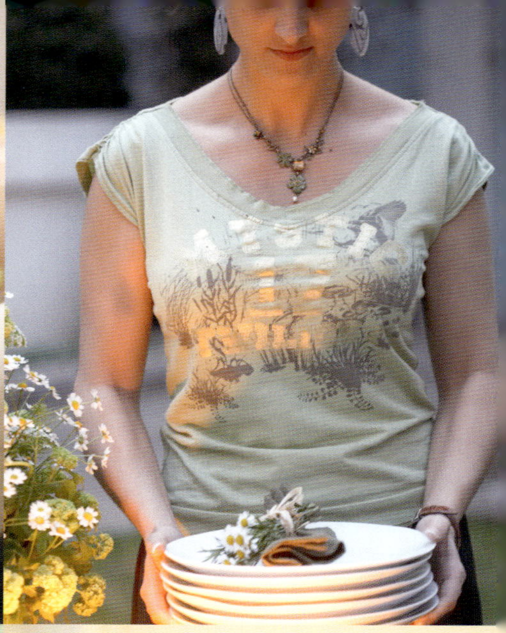
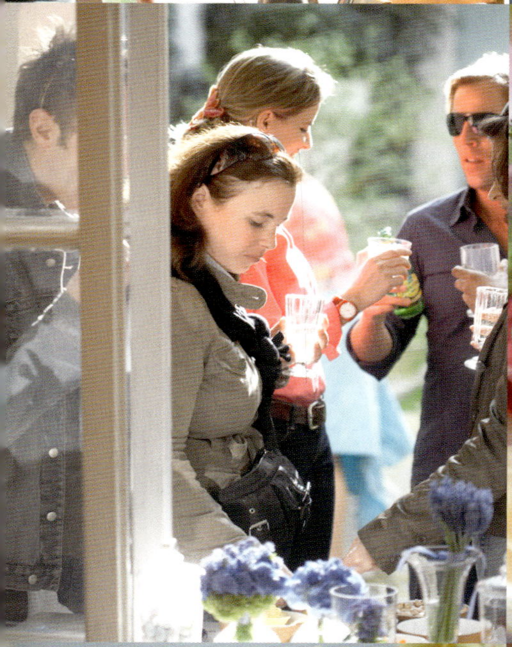
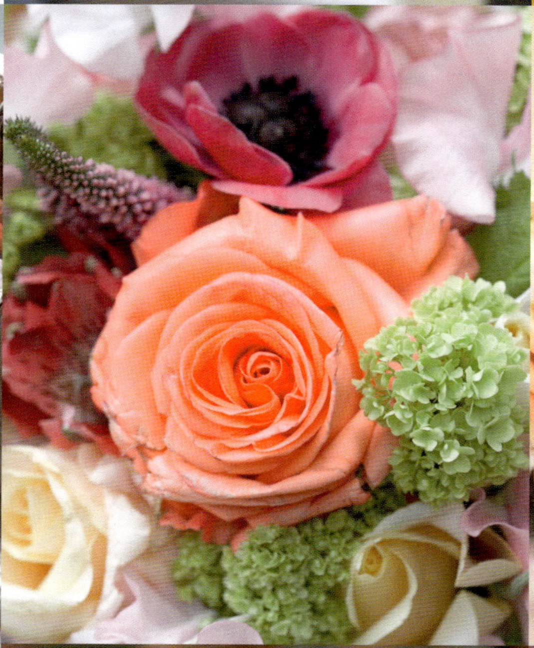
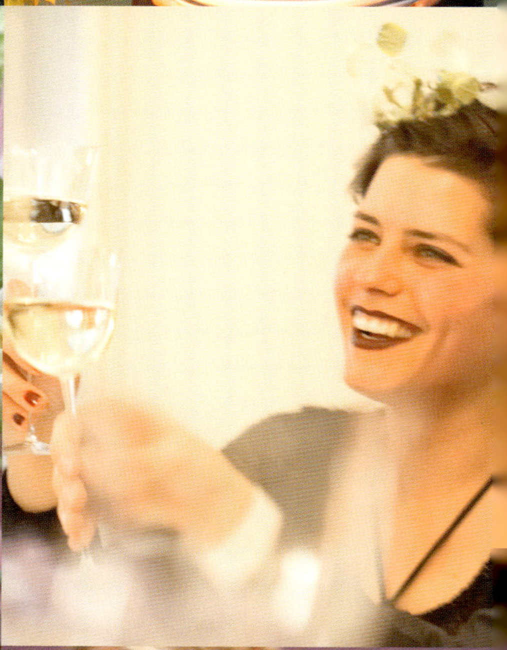
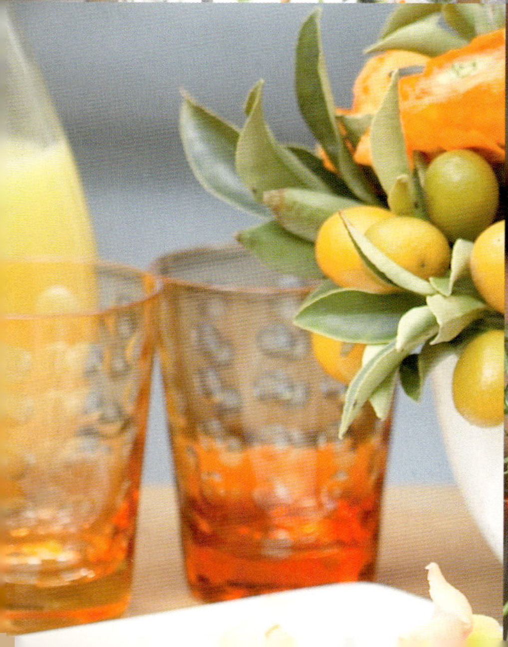
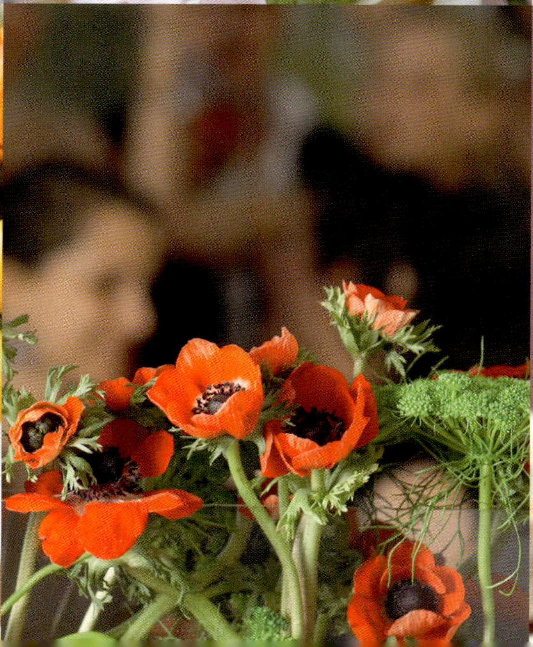
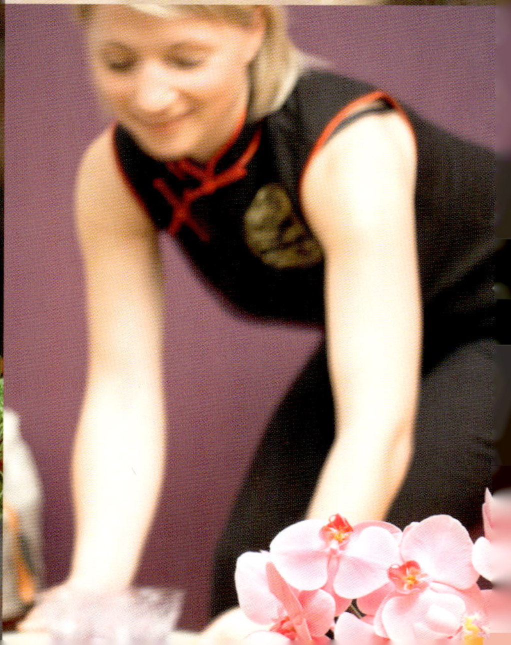

Danke

Zuallererst gebührt unser Dank Matthias und Heinz für die liebevolle und ebenso wertvolle Unterstützung, Motivation und Hilfe!

Danke auch an unsere Familien und Freunde, die mit vielen unersetzlichen Inputs und Ideen zu diesem Buch beigetragen haben.

Für die produktive Zusammenarbeit bei der tatsächlichen Entstehung des Buches bedanken wir uns bei Oriol, Olivia, Felix, Amanda, Elisabeth, Karin, Bernd, Lisi, Peter, Fini und Stefan.

Danke auch unseren „Models", die unserem Buch ein Gesicht gegeben haben!

Und nicht zuletzt bedanken wir uns besonders bei unserem Verleger Christian Brandstätter für sein Vertrauen.

DOLLs BLUMEN

… für die tollen Dekorationen

mobilkom austria

… für die ersten abgekauften Bücher

Frische Fische Gut Dornau

esel böcks WEINSELEKTION

… für die passenden Weintipps

Register

Alles noch einmal, aber ganz geordnet

Apple Ginger Crumble	169
Banana Fritters	69
Birnen in Rotwein	167
Blätterteigstangen	17
Bloody Prawn Mary	35
Blueberry Muffins	39
Bluecheese Dip mit Cruditée	115
Brandteigkrapferl	29
Brandy-Snaps	109
Brioche	41
Brownies	89
Ceasar's Salad	87
Cheviche	07
Chili-Spinat	145
Chocolate Cornflakes	163
Cocktailsauce	75
Cocktail-Spareribs	77
Cosmopolitan	15
Cranberry Punch	155
Cruditée	115
Edamame	55
Eggs Benedict, klassische	45
Eggs Florentine	45
Eier, pochierte	45
Eis s. Himbeereis	
Endiviensalat mit Garnelen und Avocado	141
Erdbeercoulis s. Topfencreme	
Feigen mit Joghurt-Dressing	139
Fenchel-Lauch-Suppe	101
Filetsteaks mit Salsa Verde	79
Fisch nach Singapur-Art	63
French Toast mit frischen Beeren	47
Frucht-Brulée	149
Garnelen mit Cocktailsauce	75
Gemüsesalat, gegrillter	85
Grapefruit und Banane	43
Grünes Hühnercurry mit Gemüse	67
Gurken-Mint-Raika	23
Himbeereis	109
Hot and Sour Soup	61
Hühnercurry s. Grünes Hühnercurry	
Hummerchips	55
Karamell s. Zitrus-Crème-Brulée	
Kartoffeln en Papillon	123
Kartoffelpüree mit Zitrusgeschmack	145
Käsesoufflé	105
Kir Royal	135
Knoblauch-Chili-Öl	49
Kräuter-Hollandaise	121
Lachsburger mit Tsatsiki	147
Lachs-Mousse	97
Lammspiesse mit Gurken-Mint-Raika	23
Litchi-Daiquiri	55
Margarita	75
Marille mit Prosecco	95
Marinierter Fisch mit Kräuter-Hollandaise	121
Meringue-Torte	159
Mozzarella-Prosciutto auf Rosmarinzweigen	95

Muffins s. Blueberry Muffins	
Müsli, hausgemachtes	37
Orangen-Avocado-Salat	99
Ossobuco	127
Paprikaschaumsuppe, rote	137
Parmesanblätter mit geräuchertem Lachs	21
Pimms Royal	115
Pizza mit geräuchertem Lachs	49
Potstickers, Hong Kong	59
Quiche Annabelle	103
Rosmarinbrot, italienisches	83
Safranrisotto mit Flusskrebsen	125
Salsa Verde	79
Sauce Cumberland	119
Sauce hollandaise	45
Schinkenmousse mit Sauce Cumberland	119
Schneenockerl mit Vanillesauce	157
Schnittlauchöl	137
Schokolade Coulant	129
Schweinsfilet in Ingwer	143
Sesamhuhn mit Plumsauce	27
Soja-Dip	57
Sophie's Eggs	45
Thai Guacamole mit Tortillachips	15
Thunfischtataki	19
Topfencreme mit Erdbeercoulis	161
Tortellini-Häppchen mit Zitronen-Dip	25
Tuna Tatar	135
Vanillesauce	157
Vietnamesische Shrimpsrollen	57
Virgin Prawn Mary	35
Wels in Tomatensalsa mit Pinienkernen	81
Woknudeln mit Garnelen	65
Zitronen-Dip	25
Zitronen-Hollandaise	19
Zitrus-Crème-Brulée	165
Zucchini, gedünstete	123
Zwiebelsuppe, französische	117

Desserts

Apple Ginger Crumble	169
Banana Fritters	69
Birnen in Rotwein	167
Brandteigkrapferl	29
Brandy-Snaps	109
Brownies	89
Chocolate Cornflakes	163
Frucht-Brulée	149
Himbeereis	109
Meringue-Torte	159
Schneenockerl mit Vanillesauce	157
Schokolade Coulant	129
Topfencreme mit Erdbeercoulis	161
Zitrus-Crème-Brulée	165

Dips und Saucen

Bluecheese Dip	115
Cocktailsauce	75
Guacamole s. Thai Guacamole	

Gurken-Mint-Raika	23
Kräuter-Hollandaise	121
Salsa Verde	79
Sauce Cumberland	119
Sauce hollandaise	45
Soja-Dip	57
Thai Guacamole	15
Tsatsiki	147
Zitronen-Dip	25
Zitronen-Hollandaise	19

Drinks

Bloody Prawn Mary	35
Cosmopolitan	15
Cranberry Punch	155
Kir Royal	135
Litchi-Daiquiri	55
Margarita	75
Marille mit Prosecco	95
Pimms Royal	115

Fisch und Krustentiere

Cheviche	107
Endiviensalat mit Garnelen und Avocado	141
Fisch auf Singapur-Art	63
Garnelen mit Cocktailsauce	75
Lachsburger mit Tsatsiki	147
Lachs-Mousse	97
Marinierter Fisch mit Kräuter-Hollandaise	121
Parmesanblätter mit geräuchertem Lachs	21
Safranrisotto mit Flusskrebsen	125
Thunfischtataki	19
Tuna Tatar	135
Vietnamesische Shrimpsrollen	57
Wels in Tomatensalsa mit Pinienkernen	81
Woknudeln mit Garnelen	65

Fleisch

Cocktail-Spareribs	77
Filetsteaks mit Salsa Verde	79
Grünes Hühnercurry mit Gemüse	67
Hong Kong Potstickers	59
Lammspieße mit Gurken-Mint-Raika	23
Ossobuco	127
Schweinsfilet in Ingwer	143
Sesamhuhn mit Plumsauce	27

Salate

Ceasar's Salad	87
Endiviensalat mit Garnelen und Avocado	141
Gegrillter Gemüsesalat	85
Orangen-Avocado-Salat	99

Suppen

Fenchel-Lauch-Suppe	101
Französische Zwiebelsuppe	117
Hot and Sour Soup	61
Rote Paprikaschaumsuppe	137